ARMIN RIEMENSCHNITTER

Die Kreditfinanzierung im Modell der flexiblen Planung

Untersuchungen über das Spar-, Giro- und Kreditwesen

Schriften des Instituts für das Spar-, Giro- und Kreditwesen
an der Universität Bonn

Herausgegeben von Prof. Dr. Dr. Dr. h. c. Fritz Voigt

Band 65

Die Kreditfinanzierung im Modell der flexiblen Planung

Von

Dr. Armin Riemenschnitter

DUNCKER & HUMBLOT / BERLIN

Gedruckt 1972 bei Berliner Buchdruckerei Union GmbH., Berlin 61
Printed in Germany

ISBN 3 428 02810 4

Vorwort

Die vorliegende Untersuchung verfolgt die Absicht, ein wichtiges, aber bisher in der Literatur vernachlässigtes Teilgebiet der Finanzierungslehre zu entwickeln: sie versucht, die Kreditfinanzierung in ein System optimaler Unternehmensplanung einzufügen. Die in praxi zu beobachtenden Kreditverträge sind überwiegend vom Typ der „konditionierten“ Kredite, das sind Kredite, deren Zahlungscharakteristik von zukünftigen Ereignissen oder von in der Zukunft liegenden Entscheidungen des Financiers oder des Kreditnehmers abhängen. Konditionierte Kredite sind mit herkömmlichen Planungsmethoden nicht erfaßbar. Um die komplexe Natur der Entscheidungssituation angemessen abbilden zu können, war es notwendig, ein flexibles Planungsmodell zu entwerfen. Das Problem des Kreditspielraums, in bisher vorgeschlagenen Planungsmodellen durch rigorose Annahmen eliminiert, wird in diesem Planungsansatz unter wirklichkeitsnahen Annahmen über das Gläubigerverhalten behandelt: dazu wird ein Planungsablauf vorgeschlagen, der alle Strategien der Unternehmung einem iterativen finanziellen Zulässigkeitstest unterwirft.

Die Ergebnisse der Untersuchung sollen nicht nur einen Beitrag zur theoretischen Diskussion der Unternehmensplanung liefern; es wäre sehr zu wünschen, wenn sie auch der Planungspraxis Impulse zu geben vermöchten.

Meinen besonderen Dank möchte ich an dieser Stelle meinem verehrten Lehrer, Herrn Professor Dr. Hans-Jakob Krümmel, aussprechen, der die Untersuchung anregte, sie durch wertvolle Hinweise förderte und mir in großzügiger Weise genügend Zeit zur Fertigstellung der Arbeit einräumte.

Herrn Professor Dr. Dr. Dr. h. c. Fritz Voigt danke ich sehr herzlich dafür, daß er die Arbeit in seine Schriftenreihe aufgenommen hat.

Bonn, im Mai 1972

Armin Riemenschnitter

Inhaltsverzeichnis

Abkürzungsverzeichnis

AER	=	American Economic Review
ERP	=	European Recovery Program
HBR	=	Harvard Business Review
HdB	=	Handwörterbuch der Betriebswirtschaft
HdSW	=	Handwörterbuch der Sozialwissenschaften
Ind. Org.	=	Industrielle Organisation
JoB	=	Journal of Business
JoF	=	Journal of Finance
JoFQA	=	Journal of Finance and Quantitative Analysis
MI	=	Management International
MM	=	Manager Magazin
MS	=	Management Science
OR	=	Operations Research
QJE	=	Quarterly Journal of Economics
Ufo	=	Unternehmensforschung
ZfB	=	Zeitschrift für Betriebswirtschaft
ZfbF	=	Zeitschrift für betriebswirtschaftliche Forschung
ZfhF	=	Zeitschrift für handelswissenschaftliche Forschung

A. Vorbemerkungen

Jedes Unternehmen ist mit dem Problem konfrontiert, den Kapitalbedarf zu decken, der aus den zeitlichen Verschiebungen von Ein- und Auszahlungen resultiert*. Besondere Bedeutung hat der Fall, daß der Unternehmung nicht stets genügend eigene Mittel zum Ausgleich von Zahlungssalden bereitstehen und daher Kredite aufgenommen werden müssen.

Die vorliegende Arbeit beschäftigt sich mit den Problemen einer adäquaten Berücksichtigung der Kreditfinanzierung in der langfristigen Unternehmensplanung. Hierbei gehen wir in Übereinstimmung mit der Literatur von folgenden Überlegungen aus:

— Eine wesentliche Aufgabe der heutigen Betriebswirtschaftslehre besteht darin, dem Unternehmer Wege rationaler Entscheidungsvorbereitung und Entscheidungsfindung aufzuzeigen.

— Um eine klare und übersichtliche Darstellung zu ermöglichen, empfiehlt es sich, die Zusammenhänge innerhalb der Unternehmung und die Beziehungen zur Außenwelt mathematisch zu formulieren.

— Wenn die Planung der unternehmerischen Aktivitäten zu optimalen Entscheidungen führen soll, müssen sämtliche Bereiche der Unternehmung (Beschaffung, Produktion, Investition, Absatz, Finanzierung) simultan erfaßt werden. Somit ist auch der Finanzierungsbereich unverzichtbarer Bestandteil der Unternehmensplanung. Planungsmodelle, die auf den Finanzbereich verzichten, genügen nicht den Ansprüchen einer explikativen Theorie der Unternehmung, sie vermögen erst recht nicht, dem Unternehmer als Entscheidungshilfe zu dienen.

— Die langfristige Unternehmensplanung kann, wenn sie operational sein soll, nur den Charakter einer Umrißplanung haben.

Wir halten es für wichtig, daß die Planungsmethoden so weit als möglich die reale Entscheidungssituation abbilden, das heißt insbesondere, daß die Unsicherheit der Zukunft, die zeitliche Struktur der Entscheidungen und der Informationszugang im Zeitablauf im Modell berücksichtigt werden müssen. Aus diesem Grunde werden wir ein

---

* Gutenberg, E.: Grundlagen der Betriebswirtschaftslehre, 3. Bd., Die Finanzen, 2. Aufl., Berlin—Heidelberg—New York 1969, S. 6.

Modell der flexiblen Planung auf die Entscheidungssituation der langfristigen Unternehmensplanung anwenden und zeigen, wie die Kreditfinanzierung in diesem Modell erfaßt werden muß. Wir wollen Prüfungsmethoden für die finanzielle und sicherheitspolitische Zulässigkeit von Unternehmensstrategien entwickeln, die auf realistischen Annahmen über die Angebotsseite von Kreditmärkten beruhen, und den stufenweisen Ablauf des Planprozesses darstellen, der die Ermittlung der optimalen Strategie zum Ziel hat.

B. Der Stand der Forschung zur Planung im Unternehmen

Wir geben auf den folgenden Seiten zunächst einen gerafften Überblick über den Stand der Forschung zur Planung im Unternehmen. Er soll den Ausgangspunkt unserer Untersuchungen auf dem Feld der Unternehmenstheorie bezeichnen, von dem aus wir uns bemühen, einen wichtigen, aber gegenüber anderen zurückgebliebenen Zweig der Unternehmensplanung — die Planung der Kreditfinanzierung — theoretisch zu entwickeln.

Die Entscheidungssituation eines Unternehmens ist selten so überschaubar, daß eine rationale Wahl unter den Handlungsmöglichkeiten ohne wohldurchdachte Planung möglich ist. Daher setzen die Entscheidungen der Unternehmen in aller Regel eine Planung voraus. Der Begriff der Planung wird in der Literatur unterschiedlich weit gefaßt[1]. So begreift Grochla die Planung als die erste Phase ökonomischer Tätigkeit vor der Realisation und der Kontrolle[2]. Auf die planerische Tätigkeit im Unternehmen zugeschnitten ist der Planungsbegriff Gutenbergs: „Planung bedeutet, das von der Geschäfts- und Betriebsleitung Gewollte in die rationalen Formen betrieblichen Vollzugs umzugießen ...“[3].

Ähnlich definiert Koch die Planung als „... die Gesamtheit von Vorausentscheidungen ..., durch welche die Unternehmung geregelt wird“[4]. Wir wollen die Planung als einen Prozeß verstehen, der

- die Festlegung der Ziele der Unternehmung[5],
- die gesamte Entscheidungsvorbereitung und
- die Entscheidung selbst[6]

---

[1] Zu den verschiedenen Planungsbegriffen vgl. Koch, H.: Planung, in: HdB, Bd. 3, 3. Aufl., Stuttgart 1960, Sp. 4340—4352, hier Sp. 4340—4342; Schneider, D.: Investition und Finanzierung, Köln und Opladen 1970, S. 24.

[2] Grochla, E.: Planung, betriebliche, in: HdSW, 8. Bd., Göttingen 1964, S. 314—325, hier S. 315.

[3] Gutenberg, E.: Grundlagen der Betriebswirtschaftslehre, 1. Bd., Die Produktion, 14. Aufl., Berlin—Heidelberg—New York 1968, S. 147.

[4] Koch, H.: Planung, a.a.O., Sp. 4341.

[5] Anderer Auffassung ist Schneider, D.: a.a.O., S. 24.

[6] Wittmann grenzt die Planung gegenüber der Entscheidung ab. Vgl. Wittmann, W.: Unternehmung und unvollkommene Information, Köln und Opladen 1959, S. 81.

umschließt. Planung stellt die gedankliche Vorwegnahme von wirtschaftlichen Abläufen dar und ist daher zukunftsorientiert. Daraus folgt, daß die Frage der Unsicherheit der Zukunft und die Frage der zeitlichen Struktur von Entscheidungsproblemen in der Planung eine Rolle spielen müssen.

Rationales Handeln ist nur möglich, wenn die angestrebten Ziele klar umrissen sind. Für die Planung im Unternehmen bedeutet das, daß die Unternehmensleitung sich über ihre Zielsetzungen klar werden muß, bevor sie Aktionsmöglichkeiten bedenkt und unter ihnen wählt. Meist wird nicht nur ein einziges Ziel angestrebt. Eine Vielzahl von unter-, über- und gleichgeordneten Zielen kann in Betracht kommen[7].

Die quantitative Erfassung eines solchen Zielsystems wirft erhebliche Schwierigkeiten auf[8].

Die betriebswirtschaftlichen Planungsmodelle beschränken sich in der Regel auf die monetäre (oder finanzielle) Zielsetzung. In Modellen, die auf der Prämisse der Sicherheit der relevanten Daten aufgebaut sind, findet man als spezielle Ausprägung der monetären Zielsetzung die Maximierung des Gewinns, des Kapitalwerts oder des Endwerts der Unternehmung. Um die Konsumwünsche des Unternehmers zu berücksichtigen, wurde vorgeschlagen, in Mehrperiodenmodellen den Entnahmestrom zu maximieren[9]. Läßt man die Prämisse sicherer Erwartungen fallen, verliert das Ziel Gewinnmaximierung seinen Sinn. Wenn das Ergebnis der Aktionen nicht mehr durch diese determiniert ist, sondern auch stochastischen Einflüssen unterliegt, muß eine Formulierung der monetären Zielsetzung gewählt werden, die der stochastischen Natur angemessen ist. Mögliche Zielformulierungen bei unsicheren Erwartungen sind die Maximierung des Erwartungswerts des Gewinns, die Minimierung der Varianz des Gewinns bei vorgegebenem Erwar-

---

[7] Heinen, E.: Das Zielsystem der Unternehmung, Wiesbaden 1966, S. 89 bis 132; Engels, W.: Betriebswirtschaftliche Bewertungslehre im Lichte der Entscheidungstheorie, Köln und Opladen 1962, S. 46—48.

[8] Das Problem der Entscheidungsfindung bei mehrfacher Zielsetzung kann als weitgehend ungelöst betrachtet werden. In der deutschen Literatur finden sich Ansätze bei Heinen, E.: Das Zielsystem ..., a.a.O.; Dinkelbach, W.: Unternehmerische Entscheidungen bei mehrfacher Zielsetzung und die Problematik der Zielgewichtung, in: Busse von Colbe, W. und Meyer-Dohm, P. (Hrsg.): Unternehmerische Planung und Entscheidung, Bielefeld 1969, S. 55 bis 70; vgl. auch Moxter, A.: Präferenzstruktur und Aktivitätsfunktionen des Unternehmens, in ZfbF, 16. Jg. (1964), S. 6—35, hier S. 7—10.

[9] Hax empfiehlt als Ziel entweder Maximierung des Betriebsvermögens am Ende der Planungsperiode bei bekannten Entnahmen oder Maximierung der Entnahmen bei Erhaltung eines bestimmten Betriebsvermögens, Hax, H.: Investitions- und Finanzplanung mit Hilfe der linearen Programmierung, in: ZfbF, 16. Jg. (1964), S. 430—446, hier S. 436—437; vgl. auch Blumentrath, U.: Investitions- und Finanzplanung mit dem Ziel der Endwertmaximierung, Wiesbaden 1969, S. 55—60.

tungswert oder die Maximierung des Erwartungswerts des Nutzens des Entscheidenden[10].

Ältere Entscheidungsmodelle vernachlässigen die Tatsache, daß die Planung der unternehmerischen Aktivitäten mit der Unsicherheit der Umwelt konfrontiert ist; sie beruhen auf einwertigen Erwartungen über die relevanten Daten. Da aber fast jede Entscheidung in der Realität unter Unsicherheit zu treffen ist, empfiehlt es sich, diesen Sachverhalt bei allen theoretischen Überlegungen im Auge zu behalten. Will man von der Ungewißheit der Zukunft abstrahieren, gerät man leicht in logische Schwierigkeiten. In jüngeren Ansätzen zur Unternehmensplanung wird der Notwendigkeit der expliziten Berücksichtigung der Unsicherheit daher zunehmend Beachtung geschenkt[11].

Die Grade der Gewißheit des Eintritts eines möglichen Ereignisses reichen von Sicherheit bis zum Fehlen jeglicher Wahrscheinlichkeits- oder Glaubwürdigkeitsaussagen über den Eintritt.

Auf Knight geht die Einteilung von Ungewißheitssituationen in Risiko und Unsicherheit zurück[12]. Risiko liegt danach vor, wenn sich objektive Wahrscheinlichkeiten über den Eintritt von Ereignissen ableiten lassen. Dies ist immer dann der Fall, wenn Versicherungen abgeschlossen werden können. Alle übrigen Ungewißheitssituationen fallen nach Knight unter den Begriff der Unsicherheit. Unternehmerische Entscheidungen sind in der Regel nicht mit Ereignissen konfrontiert, die eine objektive Wahrscheinlichkeitsverteilung haben, denn meist handelt es sich um einmalige Entscheidungen[13].

Um das Konzept der Wahrscheinlichkeit auch dann anwenden zu können, wenn sich keine objektiven Wahrscheinlichkeitsverteilungen angeben lassen, wurde der Begriff der subjektiven Wahrscheinlichkeit eingeführt[14]. Die Ableitung subjektiver Wahrscheinlichkeiten kann man

---

10 Weingartner wählt beispielsweise die Maximierung des Endwerts des Vermögens zum Planungshorizont als Zielfunktion; vgl. Weingartner, H. M.: Mathematical Programming and the Analysis of Capital Budgeting Problems, Englewood Cliffs 1963, S. 141.

11 Vgl. etwa Albach, H.: Wirtschaftlichkeitsrechnung bei unsicheren Erwartungen, Köln und Opladen 1959; Albach, H.: Das optimale Investitionsbudget bei Unsicherheit, in: ZfB, 37. Jg. (1967), S. 503—518; Bauer, K. P.: Zielfunktionen und finanzielle Nebenbedingungen in Investitionsmodellen bei Unsicherheit, Diss. Bonn 1969; Näslund, B.: Model of Capital Budgeting under Risk, in JoB, Vol. XXXIX (1966), S. 257—271; Schweim, J.: Integrierte Unternehmensplanung, Bielefeld 1969; Weingartner, H. M.: a.a.O.

12 Knight, F. H.: Risk, Uncertainty, and Profit, Boston 1921, S. 206—216.

13 Faber vertritt die Auffassung, nicht wiederholbaren Ereignissen lasse sich gar keine Wahrscheinlichkeit zuordnen, vgl. Faber, M. M.: Stochastisches Programmieren, Würzburg—Wien 1970, S. 17.

14 Zum Begriff der subjektiven Wahrscheinlichkeit vgl. Krelle, W.: Präferenz- und Entscheidungstheorie, Tübingen 1968, S. 200; Albach, H.: Wirtschaftlichkeitsrechnung ..., a.a.O., S. 126; eine Axiomatisierung der subjek-

als gedankliches Experiment ansehen, bei dem der mögliche Eintritt verschiedener Ereignisse mit Glaubwürdigkeitsgraden belegt wird. In diesem Experiment müssen sämtliche zur Verfügung stehenden Informationen verwertet werden. Einflüsse der unterschiedlichen Risikoneigung dürfen bei der Bestimmung der subjektiven Wahrscheinlichkeiten keinen Platz haben. Praktisch wird es sich aber als unvermeidbar herausstellen, daß bei der Ermittlung subjektiver Wahrscheinlichkeiten die individuelle Risikoneigung ihren Niederschlag findet. Es ist Aufgabe der Unternehmensplanung, die vorhandenen Informationen über potentielle Aktionen und Ereignisse, die die Ergebnisse dieser Aktionen beeinflussen, zu sammeln und nach Gesichtspunkten der Planungsmethode in Wahrscheinlichkeitsaussagen umzuformen.

Eine Berücksichtigung aller stochastischen Einflüsse müßte jedes Modell sprengen. Bisher wurden meist nur die mit einer Investition verbundenen Zahlungsströme (Gewinne) oder die Nachfrage nach den erzeugten Produkten als Zufallsgrößen aufgefaßt[15, 16].

Die Finanzierungsmöglichkeiten werden — wenn sie überhaupt berücksichtigt werden — in Modellen unternehmerischer Entscheidung als mit Sicherheit bekannt angesehen. Eine solche Behandlung des Finanzierungspotentials ist zumindest in dynamischen Modellen wirklichkeitsfremd.

Neben der expliziten Erfassung der Unsicherheit der Modelldaten erlangt in jüngerer Zeit die Berücksichtigung des Zeitablaufs in der modellmäßigen Analyse der Entscheidungen der Unternehmung an Bedeutung. Wesentlich ist, daß nicht nur die zeitliche Struktur der Ergebnisse von Aktivitäten (z. B. Auszahlungen) modellmäßig abgebildet wird, sondern die Aktionen selbst in ihrer zeitlichen Anordnung untersucht werden müssen.

Sind alle Aktivitäten an einem Zeitpunkt festzulegen, spricht man von einem statischen Modell. Ist der Planungszeitraum in verschiedene (meist äquidistante) Zeitpunkte eingeteilt, an denen jeweils Aktivitäten ergriffen werden können, liegt ein dynamisches Modell vor.

Formal heißt das: Sei I die Menge der Entscheidungszeitpunkte im Planungszeitraum und A die Aktionsmenge, dann existiert eine Ab-

---

tiven Wahrscheinlichkeit gibt Pfanzagl, J.: Theory of Measurement, Würzburg—Wien 1968, S. 195 ff.

15 Vgl. etwa Schwarze, J.: Stochastische Ansätze in der Theorie der Unternehmung, Meisenheim am Glan 1967, S. 73 ff. Schwarze behandelt die Nachfrage als stochastische Größe.

16 Weitere Faktoren, wie Marktanteil, Marktumfang, Wachstum des Markts, Nutzungsdauer der Anlagen, werden z. B. in einem Simulationsmodell von Hertz explizit berücksichtigt, vgl. Hertz, D. B.: Risk Analysis in Capital Investment, in: HBR 1964, Nr. 1, S. 95—106.

bildung, die jedem Zeitpunkt die Menge der Aktionen zuordnet, die dort ergriffen werden können.

Diese Abbildung $I \rightarrow \Phi(A)$ *mit* $\Phi(A) = \{ T \subset A \}$ (T = Teilmenge von A) induziert eine Zerlegung von A.

Darin ist das statische Modell als Spezialfall einbezogen, wenn I nur ein Element enthält.

Erstrebenswert ist ein Planungsmodell der Unternehmung, das sowohl der Unsicherheit des zukünftigen Geschehens als auch der Tatsache Rechnung trägt, daß nicht alle Aktionen in einem Zeitpunkt zu treffen sind. In der Literatur findet man wenige Ansätze, die in dieser Richtung vorgehen. Gerade das aber ist unsere Absicht.

C. Abbildung von Fremdfinanzierungsaktivitäten in unternehmerischen Planungsmodellen

Die Planung des finanziellen Bereichs der Unternehmung kann nach der Länge der eingeschlossenen Planungsperiode und zugleich nach den damit angesprochenen Problemstellungen in die Kapitalbedarfs- und -deckungsrechnung einerseits und in die Liquiditätsplanung andererseits eingeteilt werden. Die Kapitaldeckungsrechnung hat lang- und mittelfristigen Charakter. Sie ist als Umrißplanung zu verstehen und hat die Aufgabe, für die geplante Investitions-, Produktions- und Absatztätigkeit ausreichende Finanzierungsmittel zur Verfügung zu stellen. Aufgabe der Liquiditätsplanung ist es, kurzfristig die Zahlungsbereitschaft der Unternehmung in jedem Zeitpunkt zu sichern. In dieser Arbeit steht die langfristige Planung der Unternehmung im Vordergrund, genauer gesagt, die Abbildung von Möglichkeiten der Kreditbeschaffung in unternehmerischen Entscheidungsmodellen. Die Aspekte der kurzfristigen Planung des finanziellen Bereichs dürfen bei der Aufstellung langfristiger Modelle jedoch nicht eliminiert werden; vielmehr ist durch geeignete Bedingungen die Aufrechterhaltung der Unternehmensliquidität weitgehend zu sichern. In der Literatur findet man häufig die Forderung, in langfristigen Planungsmodellen sei die Zahlungsfähigkeit des Unternehmens an jedem Tag des Planungszeitraums explizit durch Modellbedingungen sicherzustellen. Eine solche Integration der Liquiditätsplanung in die langfristige Planung der Unternehmung führt zu einer modellmäßigen Scheingenauigkeit, die sich aber für die praktische Planung als bedeutungslos erweist. Es ist unmöglich, über einen Zeitraum von mehreren Jahren hinweg die täglichen Ein- und Auszahlungen der Unternehmung mit für eine Planung ausreichender Genauigkeit zu schätzen. In der langfristigen Planung müssen daher vergröberte Bedingungen für die Berücksichtigung der Liquiditätssicherung genügen.

Auf diesen Aspekt werden wir näher eingehen, wenn wir die Bedeutung der Liquiditätssicherung für die Krediterlangung diskutieren.

I. Zum Finanzierungsbegriff

Unter Finanzierung werden in dieser Arbeit alle Dispositionen verstanden, die

— den Zustrom von zusätzlichem einsetzbaren (investierbaren) Vermögen und

— den Abstrom von Vermögen an die Financiers

betreffen. Kreditfinanzierung ist ganz entsprechend jener Bereich, in dem Dispositionen

— auf den Zustrom zusätzlichen investierbaren Vermögens von Gläubigern und

— auf den Abstrom von Vermögen an Gläubiger

gerichtet sind. Dabei ist es gleich,

— ob der Zustrom zur Investition in aktiven Sachvermögens-, Beteiligungs- oder Forderungsbeständen oder zur Ablösung von Schulden dient und

— ob der Abstrom Kreditkosten (Zinsen, Gebühren, Provisionen, Barauslagen) oder Tilgungen deckt.

Werden Kreditmittel zur Rückführung eines anderen Kredits verwendet, so ist diese Verfügung zugleich Bestandteil zweier Kreditaktivitäten.

Die Finanzierungsmöglichkeiten werden nach der Kapitalart in Eigen- und Fremdfinanzierung aufgeteilt. Das Eigenkapital verleiht dem Kapitalgeber Herrschaftsrechte, Vermögensrechte (Anspruch auf Liquidationserlös) und Anspruch auf Beteiligung am Gewinn. Das Fremdkapital gibt Anspruch auf Rückzahlung und Zinsen. Wichtige Eigenschaft des Eigenkapitals ist die Haftungsfunktion. Die Konsequenz dieser Haftungsfunktion ist, daß bei Verlusten zuerst Mittel aus der Eigenfinanzierung aufgezehrt werden. Die Zuführung finanzieller Mittel durch Eigenfinanzierung ist durch eine Reihe von Zielen bestimmt, die nicht primär auf die Versorgung der Unternehmung mit Kapital gerichtet sind. Wenn die Ausgabe von Aktien, die Erhöhung der Einlagen von Gesellschaftern oder die Aufnahme neuer Gesellschafter zur Entscheidung ansteht, werden vor allem Fragen der Machtverteilung in der Unternehmung ausschlaggebend sein. Bei dieser Untersuchung stehen Fragen der Fremdfinanzierung im Vordergrund; daher werden die speziellen Probleme, die die Aufnahme von Eigenkapital mit sich bringt, vernachlässigt. Es wird angenommen, daß das Unternehmen zu Beginn der Planungsperiode mit einem bestimmten Eigenkapital ausgestattet ist, das im Verlauf der Planungsperiode nicht durch Zuführung von außen vergrößert wird.

Nach der Herkunft der Mittel unterscheidet man zwischen Innen- und Außenfinanzierung. Unter den Begriff der Innenfinanzierung fallen alle Mittel, die vom Unternehmen erwirtschaftet worden sind. Wichtigster Bestandteil der Innenfinanzierung ist die Selbstfinanzierung.

Die Außenfinanzierung umfaßt die Mittel, die der Unternehmung von außerhalb zufließen, sei es durch Zustrom von Beteiligungskapital, sei es durch Aufnahme von Schulden.

Wir wollen uns mit dem Teil der Unternehmensfinanzierung beschäftigen, der sowohl Fremdfinanzierung als auch Außenfinanzierung ist, man kann hierfür den oben definierten Begriff der Kreditfinanzierung verwenden.

II. Finanzierung durch Kreditaufnahme

Unter Kredit versteht man die „zeitweilige Überlassung von Verfügungsmacht über Kapital zum Zwecke der Nutzung gegen Entgelt“[1]. Schmalenbach wählt eine weitere Definition des Kredits; er will auch Beteiligungen unter diesen Begriff fassen und unterscheidet Beteiligungskredit und Darlehenskredit[2]. Wir wählen, wie man leicht sieht, einen rein forderungsrechtlich ausgerichteten Begriff. Bei der Aufnahme eines Kredits wird meist die Überlassung von finanziellen Mitteln des Kreditgebers an das Unternehmen für eine bestimmte Zeit vertraglich vereinbart. Als Entgelt wird in der Regel ein bestimmter Prozentsatz des Kreditbetrages in bestimmten Abständen fällig[3]. Damit ist der Financier von der Auszahlung der ersten Geldeinheit des Kreditbetrages bis zur Rückzahlung des gesamten Kredits einschließlich der vereinbarten Zinsen an die Geschicke der finanzierten Unternehmung gebunden.

Die Zeit ist also wesentliche Determinante der Kreditbeziehung. Die Konditionen der Kredite können durch gesetzliche Bestimmungen oder Tradition des Marktes genormt sein. Die Marktpartner haben in diesem Fall nur die Entscheidung zu treffen, ob überhaupt ein Kreditvertrag zustande kommt und wie hoch die Kreditsumme sein soll. Es kann dabei festgelegt sein, daß Kredite nicht in kontinuierlichen Beträgen, sondern nur in festen Tranchen vergeben werden. Das Gegenstück zu solchen genormten Krediten stellen die Kredite dar, bei denen Kreditgeber und Kreditnehmer die Konditionen aushandeln. Entsprechend den Erfordernissen des Kreditsuchenden und den Vorstellungen des Financiers werden Laufzeit, Verzinsung, Auszahlungs- und Rückzahlungssumme festgelegt. Kredite lassen sich weiterhin danach unterscheiden, ob sie durch einen a priori festen Zahlungsstrom beschrieben werden können

---

1 Hintner, O.: Kredit und Kreditformen, in: HdB, Bd. 2, 3. Aufl., Stuttgart 1958, Sp. 3508—3516, hier Sp. 3509.

2 Schmalenbach, E.: Kapital, Kredit und Zins in betriebswirtschaftlicher Beleuchtung, 4. Aufl., Köln und Opladen 1961, S. 23.

3 Zur Gestaltung der Preise, die Banken für ihre Kreditgewährung berechnen, vgl. Krümmel, H.-J.: Bankzinsen, Untersuchungen über die Preispolitik von Universalbanken, Köln—Berlin—Bonn—München 1964.

oder ob es von späteren Entscheidungen oder Ereignissen abhängt, welche Zahlungen mit dem Kredit verbunden sind. Die erste Form wollen wir als determinierten Kredit bezeichnen, die letztere als bedingten oder konditionierten Kredit. Der überwiegende Teil der Kreditverträge enthält Vereinbarungen, die einer oder beiden Vertragsparteien das Recht einräumen, beim Eintritt bestimmter Entwicklungen die Konditionen des Kredits zu ändern oder die Kapitalüberlassung vorzeitig zu beenden[4]. Der Kontokorrentkredit räumt dem Kreditnehmer innerhalb der Vertragsdauer das Recht ein, im Rahmen der Kreditlinie in beliebiger Höhe und zu beliebigen Zeitpunkten finanzielle Mittel aufzunehmen, er gehört damit zu den Prototypen der konditionierten Kredite. Eine andere Erscheinungsform konditionierter Kredite sind solche Kredite, bei denen die Höhe der Verzinsung an Veränderungen des allgemeinen Zinsniveaus, eines Leitzinses oder anderer Indices gekoppelt ist.

Die Kredite von Banken und Sparkassen sind üblicherweise mit solchen Zinsgleitklauseln ausgestattet. Zinsgleitklauseln sind Vereinbarungen, die darauf gerichtet sind, den Preis einer Leistung an Veränderungen eines bestimmten Indikators anzupassen. Dagegen werden Geldwertsicherungsklauseln abgeschlossen, um den Rückzahlungsbetrag eines Kredits an Schwankungen eines Indikators (beispielsweise an Veränderungen eines Kaufkraftindex) anzugleichen[5]. Allerdings können Zinsgleitklauseln auch so ausgestaltet sein, daß sie die gleiche Wirkung wie Geldwertsicherungsklauseln haben.

Ein Beispiel für die Anpassung der Verzinsung an das allgemeine Zinsniveau ist der Wechseldiskontkredit. Wie die Erfahrung zeigt, können die Einreicher davon ausgehen, daß die Abschnitte, die sie im Rahmen des vereinbarten Kontingents einreichen, stets zu einheitlichen Marktbedingungen aufgenommen werden. Wegen der Konkurrenz unter den Banken, die sogar eine arbitrageartige Placierung der Abschnitte an entfernten Bankplätzen erlaubt, wäre jeder Versuch, die Diskontsätze in den Obligoverträgen zu fixieren, zum Scheitern verurteilt.

Kredite können weiter dadurch konditioniert sein, daß ein Kündigungsrecht des Gläubigers oder des Schuldners vereinbart wurde. Langfristige Kreditbeziehungen sind in aller Regel durch ein Recht des Schuldners auf vorzeitige Ablösung des Kredits gekennzeichnet. In den Konditionen von Industrieobligationen ist z. B. meist vorgesehen, daß dem Schuldner nach Ablauf der tilgungsfreien Jahre das Recht zusteht,

4 Wildhagen, J.: Zinserwartungen und Anleihekonditionen, Diss. Saarbrücken 1967, S. 175—176.

5 Lubasch, K.: Die volkswirtschaftlichen Wirkungen von Geldwertsicherungsklauseln, Berlin 1964, S. 13—15.

die noch nicht getilgten Titel mit Ablauf einer bestimmten Frist (üblicherweise einer Frist von drei Monaten auf den nächsten Zinstermin) zu kündigen[6].

Ein Kündigungsrecht des Gläubigers wird seltener vereinbart. Rittershausen stellte fest, daß bei acht Prozent eines von ihm untersuchten Samples von 133 Industrieanleihen ein Gläubigerkündigungsrecht bestand[7]. Dieses Ergebnis wie die Musterverträge im Bankkreditgeschäft zeigen gleichermaßen deutlich die Vorherrschaft der asymmetrischen Kündigungsklausel. Auch die Lieferantenkredite zählen zu den konditionierten Krediten, da sie der Unternehmung verschiedene Rückzahlungsfristen bei unterschiedlicher Skontogewährung anbieten[8].

Nachdem wir die vielfältigen Ausgestaltungsmöglichkeiten von Kreditbeziehungen angedeutet haben und insbesondere auf die Dispositions- und Zufallsabhängigkeit bereits abgeschlossener Kreditverträge hingewiesen haben, wollen wir im folgenden untersuchen, in welcher Weise die bisher in der Literatur vorgeschlagenen Modelle der langfristigen Unternehmensplanung die Kreditfinanzierung berücksichtigen.

III. Implizite Erfassung der Finanzierung

Einer Reihe von unternehmerischen Entscheidungsmodellen liegen keine expliziten Annahmen über Anzahl, Art und Verfügungsbeträge der Finanzierungsmöglichkeiten zugrunde. Soweit diese Modelle einen Kalkulationszinsfuß enthalten, wird jedoch implizit eine Aussage über die Beschaffungsmöglichkeiten von Finanzierungsmitteln gemacht. Der Ansatz eines einheitlichen Kalkulationszinsfußes zur Diskontierung von Ein- und Auszahlungen, um deren Vergleichbarkeit bei unterschiedlicher zeitlicher Struktur zu ermöglichen, ist mit der heroischen Annahme gleichzusetzen, der Unternehmer könne in jedem Zeitpunkt der Planungsperiode in beliebiger Höhe Finanzierungsmittel mit beliebiger Laufzeit zu einem festen Zinssatz, dem Kalkulationszinsfuß, aufnehmen und unter gleichen Bedingungen liquide Mittel anlegen[9]. Praktisch ist das Finanzierungsproblem durch diese Prämisse eliminiert: das Unternehmen verfügt über einen unendlichen Kreditspielraum und ist

---

[6] Delorme, H.: Konsortial- und Emissionsgeschäft, Frankfurt/Main 1963, S. 56.

[7] Rittershausen, H.: Methoden der industriellen Fremdfinanzierung, in: Schmölders, G. und Rittershausen, H.: Moderne Industriefinanzierung, Essen 1959, S. 72.

[8] Zum Begriff des Lieferantenkredits und seiner volkswirtschaftlichen Bedeutung vgl. Timmermann, V.: Lieferantenkredit und Geldpolitik, Berlin—New York 1971, S. 13 ff.

[9] Schneider stellt die Bedeutung dieser Annahme klar heraus, vgl. Schneider, E.: Wirtschaftlichkeitsrechnung, 6. Aufl., Tübingen—Zürich 1966, S. 37—38.

somit jederzeit in der Lage, seinen fälligen Verbindlichkeiten durch Verschuldung nachzukommen; auch Zinszahlungen und Kreditrückzahlungen können über externe Kapitalzuführung abgedeckt werden.

In der Literatur wird der einheitliche Kalkulationszinsfuß zur Erfassung des Finanzierungsaspekts in Entscheidungsmodellen auf die Annahme gestützt, der Unternehmer stehe einem vollkommenen Kapitalmarkt gegenüber[10], und das Kapitalangebot sei unendlich elastisch[11]. Die Konsequenz dieser Annahme sei kurz dargestellt: Der Kapitalmarkt wird verstanden als die Zusammenfassung aller Bedingungen und Verhältnisse, unter denen Kapital in Form von Krediten und Beteiligungen gehandelt wird. Der vollkommene Kapitalmarkt ist eine Fiktion, die unterstellt, es werde ein einziges Gut, „Kapital" gehandelt[12]. Die Annahme eines vollkommenen Kapitalmarktes bedeutet somit, daß von den speziellen Eigenschaften der verschiedenen Finanzierungsmöglichkeiten abstrahiert wird, um die Bedingung eines homogenen Gutes zu erfüllen.

Nach dem Gesetz von Jevons ergibt sich auf dem vollkommenen Kapitalmarkt ein einziger Zins als Preis für die Kapitalüberlassung[13]. Da Transaktionskosten vernachlässigt werden, ist der Sollzins gleich dem Habenzins. Die Unternehmer treten als Anbieter und als Nachfrager an einen Markt heran.

---

[10] Schneider, D.: a.a.O., S. 291; Näslund, B.: a.a.O., S. 260—265.

[11] Gutenberg, E.: Die Finanzen, a.a.O., S. 348—354.

[12] Nach Gutenberg gilt ein Markt als vollkommen, wenn
1. alle Marktteilnehmer Gewinn- bzw. Nutzenmaximierer sind,
2. Anpassungsprozesse des Markts und der Unternehmungen eine unendliche Reaktionsgeschwindigkeit haben,
3. vollkommene Markttransparenz herrscht und
4. die Homogenitätsbedingung erfüllt ist,

vgl. Gutenberg, E.: Grundlagen der Betriebswirtschaftslehre, 2. Bd., Der Absatz, 8. Aufl., Berlin—Heidelberg—New York 1965, S. 182. Die Homogenitätsbedingung verlangt Gleichartigkeit des gehandelten Gutes und das Fehlen von persönlichen, zeitlichen und sachlichen Präferenzen.

Von einem unvollkommenen Kapitalmarkt wollen wir sprechen, wenn wenigstens eine der oben genannten Bedingungen verletzt ist. Eine engere Definition wählt Schweim, er spricht von Unvollkommenheit des Kapitalmarkts nur dann, wenn „Aktiv- und Passivkredite in ihrer Höhe begrenzt sind und zu unterschiedlichen Konditionen (insbesondere Zinssätze und Fristigkeiten) gewährt werden", vgl. Schweim, J.: a.a.O., S. 63; D. Schneider führt drei Formen des Kapitalmarkts auf:
1. vollkommener Kapitalmarkt (Sollzins = Habenzins)
2. unvollkommener Kapitalmarkt (Sollzins $\neq$ Habenzins)
3. beschränkter Kapitalmarkt (dieser ist dadurch gekennzeichnet, daß die Gesamtkreditsumme von der Höhe des Eigenkapitals abhängt),

vgl. Schneider, D.: a.a.O., S. 291.

[13] Jevons hebt ausdrücklich hervor, daß sein „Gesetz der Gleichförmigkeit" insbesondere für den Kapitalmarkt gilt, vgl. Jevons, W. S.: Die Theorie der Politischen Ökonomie, Jena 1924 (Übersetzung aus dem Englischen), S. 87 und S. 230—231.

Die Prämisse der vollkommenen Elastizität des Kapitalmarkts unterstellt, daß das gehandelte Gut in unendlicher Menge zur Verfügung steht. Die Annahme eines unbegrenzten Kapitalangebots schließt streng genommen aus, daß sich ein Marktpreis größer Null für das Gut Kapital ergibt[14]. Es ist offensichtlich, daß die theoretische Konstruktion eines vollkommenen Kapitalmarkts mit vollkommener Elastizität die Gegebenheiten der Realität nicht beschreibt.

Ein erster Schritt auf dem Wege, die Unvollkommenheiten des Kapitalmarktes modellmäßig zu erfassen, ist der Ansatz von unterschiedlichen Zinssätzen für die Anlage und die Aufnahme finanzieller Mittel[15]. Der Annahme eines gespaltenen Zinses liegt die Vorstellung zugrunde, daß der Unternehmer mit zwei Kapitalmärkten konfrontiert ist, die unterschiedliche Konditionen aufweisen,

— einem Markt, an dem er als Anbieter auftritt, und
— einem Markt, an dem er als Nachfrager fungiert.

Bei ersterem wird der Marktpreis Sollzins, bei letzterem Habenzins genannt. Meist nimmt man an, daß der Habenzins über dem Sollzins liegt. Für beide Märkte soll die Bedingung der vollkommenen Elastizität gelten. Die Frage, ob und wie diese beiden Märkte miteinander zusammenhängen, wird nicht gestellt. Hinsichtlich der Erfassung der Finanzierungsmöglichkeiten unterscheidet sich die Annahme eines gespaltenen Zinses jedoch nicht von der Prämisse eines einheitlichen Kalkulationszinsfußes.

Im folgenden seien die Einwände zusammengefaßt, die zeigen, daß der Kalkulationszinsfuß kein geeignetes Mittel zur Beschreibung der Unternehmensfinanzierung ist[16].

— Die Annahme, dem Kapitalmarkt — als gedankliche Zusammenfassung sämtlicher Märkte für Finanzierungsmittel — stehe ein unendliches Angebot zur Verfügung, steht mit der ökonomischen Wirklichkeit in Widerspruch[17]. Insbesondere muß man davon ausgehen, daß die Kapitalbeschaffungsmöglichkeiten, die einem Unternehmen in einem Zeitpunkt zur Verfügung stehen, begrenzt sind. Es ist Auf-

---

[14] Steht ein Gut in einer Wirtschaft unbegrenzt zur Verfügung, ist sein Preis gleich Null. Es handelt sich um ein freies Gut.

[15] Hirshleifer, J.: On the Theory of Optimal Investment Decision, in: Solomon, E. (Hrsg.): The Management of Corporate Capital, Toronto 1964, S. 205—228, hier S. 209—212.

[16] Eine umfassende Darstellung der Probleme, die sich ergeben, wenn der Marktzins sich in der Zeit ändert oder von der Höhe des nachgefragten Kredits abhängt, findet man bei Albach, H.: Investition und Liquidität, Wiesbaden 1962, S. 33 ff.

[17] Vgl. auch die Ausführungen von Ganske, H.: Investitionstheorie und ökonomische Realität, in: ZfB, 36. Jg. (1966), S. 381—402, hier S. 390.

gabe der Planung, diese Grenzen der Kreditbeschaffung abzuschätzen.

— Der Ansatz eines einzigen Zinssatzes als Charakteristikum der Finanzierungsmöglichkeiten ist eine zu grobe Vereinfachung der Realität.

Die spezifischen Eigenschaften der einzelnen Finanzierungsaktivitäten, insbesondere Laufzeit, Verzinsung und Tilgungsmodalitäten, werden nivelliert, dadurch wird das Problem der optimalen Gestaltung der Finanzierung eliminiert.

— Die Interdependenz von Finanzierung und sonstigen Aktivitäten der Unternehmung wird nicht berücksichtigt. Es besteht ein enger Zusammenhang zwischen dem Angebot an Finanzierungsmitteln und den in der Vergangenheit ergriffenen Aktionen der Unternehmung sowie den geplanten Aktivitäten[18]. Auch die Höhe der Verschuldung in einem Zeitpunkt beeinflußt die Verschuldungsmöglichkeiten in späteren Zeitpunkten.

— Der Kapitalmarkt ist in der Wirklichkeit nicht indifferent gegenüber dem Zeitablauf. Vor allem die Verzinsung der verschiedenen Kreditarten variiert mit der Zeit.

— Der Ansatz eines Kalkulationszinsfußes unterstellt, daß für die Finanzierung der Unternehmung sichere Erwartungen angenommen werden können. Es wurde jedoch bereits angedeutet, daß die Mehrzahl der Kredite konditioniert ist. In der Regel werden daher stochastische Einwirkungen bei der modellmäßigen Darstellung von Finanzierungsmöglichkeiten zu berücksichtigen sein.

IV. Explizite Darstellung der Fremdfinanzierung in starren Planungsmodellen

1. Kapitalbudgetmodelle

Eine explizite Berücksichtigung der Finanzierungsmöglichkeiten in einem unternehmerischen Entscheidungsmodell nahm erstmals Dean im Rahmen seiner Theorie des optimalen Kapitalbudgets vor[19]. Dean sieht als bedeutende Fragestellung „... the problems of determining where the money will come from and how much will be available“[20]. Die Lösung beider Probleme ist zur Abgrenzung des Finanzierungsspielraums der Unternehmung unerläßlich. Es gilt,

---

18 Das ist der Grundgedanke des Aufsatzes von Krümmel, H.-J.: Finanzierungsrisiken und Kreditspielraum, in: ZfB, 36. Jg. (1966), 1. Ergänzungsheft, S. 134—157.

19 Dean, J.: Capital Budgeting, New York 1951.

20 Dean, J.: a.a.O., S. 36.

1. eine Enumeration der Finanzierungsquellen vorzunehmen, die möglicherweise in Anspruch genommen werden können, und
2. zu bestimmen, in welcher Höhe die verschiedenen Finanzierungsmöglichkeiten jeweils zur Verfügung stehen.

Die folgenden Prämissen liegen der Modellformulierung Deans zugrunde[21]:

1. Die Unternehmung strebt Gewinnmaximierung als einzige Zielsetzung an.
2. Alle Investitionsmöglichkeiten (und Finanzierungsmöglichkeiten) sind bekannt.
3. Die interne Verzinsung jedes Investitionsobjektes (und jeder Finanzierungsaktivität) kann mit Sicherheit bestimmt werden.
4. Risiken werden durch Abschläge vom internen Zinsfuß berücksichtigt.

Die von Dean entwickelte Methode zur Bestimmung des Kapitalbudgets findet das optimale Investitionsbudget durch Gegenüberstellung der Kapitalnachfragekurve und der Kapitalangebotskurve. Der Schnittpunkt beider Kurven determiniert das Optimum (vgl. Abb. 1).

Abbildung 1

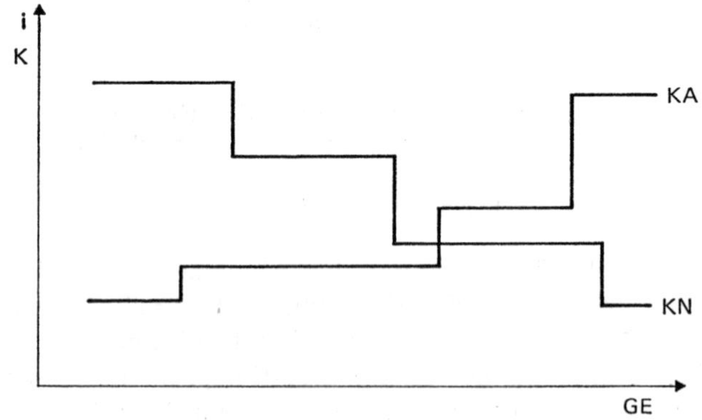

i = interner Zinsfuß der Investitionsobjekte
k = interner Zinsfuß der Finanzierungsaktivitäten (Kapitalkosten)
GE = Geldeinheit
KA = Kapitalangebotskurve
KN = Kapitalnachfragekurve

---

[21] Dean, J.: a.a.O., S. 75—76.

Die Investitionsobjekte werden der Höhe ihrer internen Verzinsung entsprechend zu einer Kapitalnachfragekurve angeordnet. Die Kapitalangebotskurve soll die Finanzierungsmöglichkeiten der Planungsperiode erfassen. Sie ergibt sich, wenn man die Beträge der verschiedenen verfügbaren Finanzierungsmittel nach der Höhe der Kapitalkosten anordnet[22]. Die Kapitalkosten werden nach der Methode des internen Zinsfußes bestimmt. Diese Charakterisierung der Finanzierungsmöglichkeiten stellt nur dann keinen Informationsverlust dar, wenn die Laufzeit bekannt ist und abgesehen von einmaligen Auszahlungs- und Rückzahlungsbeträgen in gleicher Höhe ein uniformer, äquidistanter Zahlungsstrom generiert wird. Die Beträge, in deren Höhe die einzelnen Finanzierungsquellen zur Verfügung stehen, werden als unabhängig von den geplanten Aktionen der Unternehmung und als fest vorgegeben angesehen. Auf eine ausführliche Würdigung des gesamten Ansatzes des Kapitalbudgets muß hier verzichtet werden; nur die Berücksichtigung der Finanzierung wird einer genaueren Analyse unterzogen. Die Anwendung der Methode des internen Zinsfußes zur Ordnung der Investitionsobjekte in der Kapitalnachfragekurve führt zu einer inkonsistenten Modellformulierung, da implizit unterschiedliche Annahmen über die Folgeinvestitionen gemacht werden. Es wird unterstellt, bei jedem Investitionsobjekt könnten frei werdende Mittel zum internen Zinsfuß dieser Investition wiederangelegt werden. Man muß zwar annehmen, daß Investitionsobjekte über die Zeit hinweg in enger Abhängigkeit stehen; diese Zusammenhänge werden in der Regel jedoch nicht die strenge Form zeigen, die im Modell des Kapitalbudgets postuliert wird.

Das Modell Deans beruht auf einer statischen Analyse und sichert daher die Zahlungsfähigkeit der Unternehmung explizit nur für einen Zeitpunkt. Die zeitliche Struktur von Zahlungsströmen wird durch die Angabe interner Zinsfüße verdeckt. Die zeitpunktgenaue Erfassung der Zahlungen, seien sie durch Investitionsobjekte oder Finanzierungsaktivitäten hervorgerufen, ist jedoch bedeutsam, wenn das finanzielle Gleichgewicht nicht nur in einem Zeitpunkt, sondern über die gesamte Planungsperiode hinweg aufrechterhalten werden soll, und wenn Entscheidungen über Folgeinvestitionen und Anschlußfinanzierungen getroffen werden sollen[23]. Nur wenn die Investitionsobjekte eine einmalige Auszahlung erfordern und die Einzahlungen aus den Investitionen ausreichen, in jedem Zeitpunkt fällige Zinszahlungen und Tilgungs-

[22] Zur Bestimmung der Eigenkapitalkosten vgl. Moxter, A.: Die Bestimmung des Kalkulationszinsfußes bei Investitionsentscheidungen, in: ZfhF, 13. Jg. (1961), S. 186—200, hier S. 189—191.

[23] Auf diese Zusammenhänge weist Albach in einer kritischen Analyse der traditionellen Investitionstheorie hin; vgl. Albach, H.: Investition und Liquidität, a.a.O., S. 156 ff.

leistungen abzudecken, ist im Kapitalbudgetmodell Deans das finanzielle Gleichgewicht implizit während der gesamten Planungsperiode gewahrt. Wenn die strengen Modellprämissen fallen gelassen werden und das Problem des finanziellen Gleichgewichts im Verlauf der Planungsperiode explizit gelöst werden soll, ist die Charakterisierung der Finanzierungsmöglichkeiten allein durch die Kapitalkosten (= interne Verzinsung) unzureichend.

Für eine dynamische Analyse von Unternehmensstrategien ist die Deansche Darstellung der Finanzierungsmöglichkeiten nicht geeignet. Die zeitliche Struktur der Zins- und Tilgungszahlungen gewinnt dann besondere Bedeutung, und es sind nicht nur die Finanzierungsmöglichkeiten einer Periode modellmäßig zu erfassen, sondern für jeden Entscheidungszeitpunkt im Planungsablauf die zur Verfügung stehenden finanziellen Mittel zu prognostizieren.

Zudem werden die engen Beziehungen zwischen der Investitionstätigkeit und der finanziellen Sphäre vernachlässigt[24]. Die Verfügungsbeträge von Finanzierungsmöglichkeiten sind auch nicht extern vorgegeben, sondern müssen in Abhängigkeit von der Struktur der Unternehmung und der Situation an den Finanzierungsmärkten bestimmt werden.

Die Annahme, alle im Modell benötigten Daten seien mit Sicherheit bekannt (oder quasi-sichere Größen könnten angesetzt werden), gibt die reale Entscheidungssituation des Unternehmens nur stark abstrahiert wieder. Die Zufallsabhängigkeit der Finanzierungsmöglichkeiten, insbesondere der konditionierten Kredite, läßt sich durch die Angabe eines internen Zinsfußes nicht charakterisieren. Ebenso sind sichere Aussagen über die Größe des Finanzierungsspielraums in der Realität nicht abzuleiten.

2. Programmierungsmodelle

a) Finanzierungsaktivitäten mit deterministischer Zahlungscharakteristik

Neuere Planungsmodelle, die eine Lösung mit Hilfe der mathematischen Programmierung erlauben, führen die Finanzierungsmöglichkeiten als Modellaktivitäten auf[25].

---

[24] Moxter versucht, Interdependenzen von Investitionstätigkeit und Finanzierungsmöglichkeiten gerecht zu werden, indem er die Kosten des Fremdkapitals als steigende Funktion eines Faktors darstellt, der die Risikobereitschaft des Unternehmens einfangen soll. Dieser Faktor sei abhängig von der Höhe des aufgenommenen Fremdkapitals. Vgl. Moxter, A.: Die Bestimmung des Kalkulationszinsfußes ..., a.a.O., S. 191.

[25] Vgl. etwa Albach, H.: Investition und Liquidität, a.a.O., S. 159; Weingartner, H. M.: a.a.O., S. 141; Näslund, B.: a.a.O., S. 265 ff.; Blumendrath, U.:

Am Beispiel des Grundmodells der linearen Programmierung soll dies verdeutlicht werden.

Folgende Zielfunktion sei zu maximieren

(1) $$c'x = \max!$$

unter Beachtung der Nebenbedingungen

(2) $$A\,x \leq b$$

(3) $$x_1, x_2, \ldots, x_n \geq 0$$

c' = Zeilenvektor der Zielbeiträge
x = Spaltenvektor der Aktionsvariablen
A = Koeffizientenmatrix
b = Begrenzungsvektor

Jeder Finanzierungsart entspricht eine Aktionsvariable im Vektor x.

Die Auszahlungs-, Verzinsungs- und Tilgungsmodalitäten der einzelnen Finanzierungsmöglichkeiten können in Zahlungsvektoren zusammengefaßt werden.

Sei z_3 der Vektor der Nettozahlungsüberschüsse der Finanzierungsaktivität x_3 (z. B. eines Bankkredits) in den verschiedenen Zeitpunkten des Modellablaufs, dann sind die Komponenten des Vektors

$$z_3 = \{e_1, e_2, \ldots, e_8\} \quad \text{zum Beispiel}$$

e_1 = Auszahlungssumme des Kredits in Höhe von 95 %
e_2 bis e_7 = Zinszahlungen
e_8 = Rückzahlungsbetrag in Höhe von 100 % der Vertragssumme und Zinszahlung

Die Zahlungsvektoren der Finanzierungsaktivitäten wollen wir als Zahlungscharakteristiken bezeichnen.

Bei Reduktion eines linearen Planungsansatzes auf das Grundmodell finden die Zahlungscharakteristiken ihren Niederschlag in den Vektoren c' und b oder in der Koeffizientenmatrix A. Die Berücksichtigung der Finanzierungsmöglichkeiten im linearen Planungsmodell wurde als Beispiel herausgegriffen; für nichtlineare Modelle ergeben sich keine grundsätzlichen Änderungen. Nicht-lineare Programmierungsmodelle haben eine nicht-lineare Zielfunktion oder nicht-lineare Nebenbedingungen. Im linearen Planungsmodell wird z. B. unterstellt, daß der gleiche Zinssatz für eine Finanzierungsaktivität gilt unabhängig von der Höhe, in der sie in Anspruch genommen wird. In einem nicht-

---

a.a.O., S. 60—68 und Laux, H.: Flexible Planung des Kapitalbudgets mit Hilfe der linearen Programmierung, in: ZfbF, 21. Jg. (1969), S. 728—742, hier S. 737 und 740.

linearen Modell kann eine stufenweise Veränderung des Zinssatzes mit einer nicht-linearen Nebenbedingung erfaßt werden: Ein Kredit stehe bis zum Betrag von 100 000 DM zu $6^{1}/_{2}$ % Zinsen p. a. zur Verfügung, von 100 000 DM bis 1 000 000 DM seien 7 % Zinsen zu zahlen.

$$x_2\,(100\,000 - x_1) = 0$$
$$x_1 \leq 100\,000$$
$$x_2 \leq 900\,000 \qquad x_1, x_2 \geq 0$$

Die Modelle der mathematischen Programmierung gestatten es, einige Fehler der vorgenannten Modelle zu vermeiden. Mathematische Programmierungsmodelle erlauben eine simultane Lösung von Investitions- und Finanzierungsproblemen unter Berücksichtigung der vorhandenen Interdependenzen.

Durch die Darstellung der Finanzierungsmöglichkeiten als Modellaktivitäten werden die unterschiedlichen Eigenschaften der einzelnen Finanzierungsformen weitgehend berücksichtigt. Die zeitliche Struktur der Zahlungen kann explizit im Modell erfaßt werden. Im Fall des statischen Planungsmodells beziehen sich die Komponenten des Vektors x auf einen Zeitpunkt. Es ist jedoch in dieser Darstellungsweise auch möglich, die Veränderungen der Finanzierungsbedingungen im Zeitablauf zu erfassen und für jeden Zeitpunkt der Planungsperiode unterschiedliche Finanzierungsaktivitäten anzusetzen (dynamisches Modell).

Im Grundmodell der linearen Programmierung wird unterstellt, daß die Aktionsvariablen in bestimmten Grenzen kontinuierlich verändert werden können. Das bedeutet für die Finanzierungsmöglichkeiten, daß Finanzierungsmittel einer bestimmten Art grundsätzlich in beliebigen Beträgen aufgenommen werden können. Tatsächlich kommt es auf Märkten der Unternehmensfinanzierung jedoch vor, daß die Marktusancen sowohl Mindestkreditsummen als auch runde Steigerungsstufen vorsehen. Mindestkreditsummen können im linearen Planungsmodell durch Definition von Untergrenzen für die entsprechende Modellaktivität berücksichtigt werden. Falls ein Kredit nur in festen Tranchen aufgenommen werden kann, ist eine Erfassung über Ganzzahligkeitsbedingungen möglich. Ganzzahligkeitsbedingungen erschweren in der Regel die Lösung eines Modells.

Für die Lösbarkeit eines linearen Planungsmodells ist es erforderlich, daß die Aktionsvariablen explizit oder implizit nach oben begrenzt sind. A fortiori müssen also feste Kreditobergrenzen existieren, um eine Modellösung zu ermöglichen. Die Annahme eines festliegenden Kreditspielraums für alle Entscheidungszeitpunkte, ohne daß die beabsichtigten Unternehmensstrategien und die Entwicklung der Umwelt berücksichtigt werden, ist unrealistisch. Zwar mag es für einzelne Kreditarten zutreffen, daß die Unternehmung für bestimmte Zeitabschnitte von festen Kreditobergrenzen ausgehen kann, da je nach Organisation der Kreditüberwachung bei den Gläubigern die Bedingungen der Kreditvergabe in unregelmäßigen Zeitabständen revidiert werden.

Für eine langfristige Planung kann dieses Argument nicht gelten; auf lange Frist scheint es ausgeschlossen, daß ein sicherer Verschuldungsspielraum prognostiziert werden kann.

Anlaß zur Kritik bleibt auch, weil die Modelldaten als sicher unterstellt werden oder weil stochastische Größen in quasi-sichere Größen umgewandelt werden (z. B. durch Ansatz des Erwartungswerts einer Wahrscheinlichkeitsverteilung im Modell).

b) *Sensitivitätsanalyse und chance-constrained-programming*

Die bisher diskutierten Darstellungsformen von Finanzierungsmöglichkeiten unterstellten, die Zahlungsreihen seien mit Sicherheit bekannt. Wie bereits dargelegt, sind aber bei Kreditbeziehungen regelmäßig nicht alle Zahlungen durch den Kreditvertrag determiniert. Auch die Kredithöhe ist in der Regel nicht sicher. Wenn stochastische Einflüsse auftreten, versagen die dargestellten Methoden.

Die Sensitivitätsanalyse bietet die Möglichkeit, die Auswirkungen stochastischer Elemente der Zahlungscharakteristik auf die Optimalität und Zulässigkeit von Lösungen mathematischer Programmierungsmodelle zu untersuchen[26].

Im wesentlichen wurden Sensitivitätsanalysen bislang bei linearen Programmen vorgenommen. Eine Fragestellung der Sensitivitätsanalyse ist etwa: mit welcher Wahrscheinlichkeit ist eine Lösung noch optimal und zulässig, wenn eine oder mehrere Zahlungen im Zusammenhang mit einer Kreditaufnahme nicht mehr festliegen, sondern stochastischer Natur sind?

Formal gesehen können die Komponenten des Vektors der Zielbeiträge und des Begrenzungsvektors oder die Koeffizienten der Matrix stochastischer Art sein. Nehmen wir an, eine der vorgenannten Komponenten könne zwischen einer oberen und einer unteren Grenze zufällig schwanken

$$k_1 \leq k \leq k_2.$$

Die Wahrscheinlichkeitsverteilung sei bekannt.

---

[26] Dinkelbach, W.: Sensitivitätsanalysen und parametrische Programmierung, Berlin—Heidelberg—New York 1969; Faber, M. M.: a.a.O., S. 22—64.

Man geht nun so vor, daß zuerst eine optimale Lösung für quasisichere Größen berechnet wird. Für k wird hierbei der Erwartungswert angesetzt. Anschließend wird die Auswirkung von zufälligen Änderungen von k untersucht. Man erhält für die Lösung eine Wahrscheinlichkeitsverteilung. Die Wahrscheinlichkeit der Zulässigkeit und Optimalität der quasi-sicheren Lösung kann dann bestimmt werden.

Mit Hilfe von Sensitivitätsanalysen ist somit ein besserer Einblick in Entscheidungsprobleme möglich. Sie sind aber nur sinnvoll, wenn der Schwankungsbereich der Modelldaten nicht allzu groß ist. Falls z. B. bei einem Großkredit sowohl die Möglichkeit der vorzeitigen Kündigung als auch eine Weiterführung des Kredits mit bestimmter Wahrscheinlichkeit in Betracht gezogen werden muß, hilft die Sensitivitätsanalyse nicht weiter. Die Sensitivitätsanalyse bietet auch keine Entscheidungshilfe dafür, was zu tun ist, wenn Abweichungen vom Erwartungswert der Plandaten auftreten.

Eine Erweiterung der deterministischen Programmierungsmodelle ist die Methode des „chance-constrained-programming“[27]. Sie erlaubt z. B., unter bestimmten Voraussetzungen[28] stochastische Elemente in der Koeffizientenmatrix und in dem Begrenzungsvektor bei der Entscheidungsfindung zu berücksichtigen.

Die Lösungsidee sieht vor, daß für die stochastischen Nebenbedingungen äquivalente deterministische Nebenbedingungen gefunden werden und daß das Modell dann auf Grund der deterministischen Bedingungen gelöst wird.

Bei den bisher dargestellten Modellen zur Erfassung der Unternehmensfinanzierung handelt es sich um starre Planungskonzepte; das bedeutet, daß keine Verhaltensanweisungen für die Fälle angegeben werden können, in denen sich die Plandaten abweichend von den Eingabewerten des Modells entwickeln. Daraus folgt u. a.:

Konditionierte Kredite können nicht dargestellt werden.

Es ist jedoch wichtig zu wissen, welche Maßnahmen zu ergreifen sind, wenn verschiedene Zahlungen sehr unterschiedlicher Höhe mit einer

---

27 Zur Anwendung des chance-constrained-programming vgl. Charnes, A. und Cooper, W. W.: Deterministic Equivalents for Optimizing und Satisfying under Chance Constraints, in: OR, Bd. 11 (1963), S. 18—39; Thompson, G. L., Cooper, W. W. und Charnes, A.: Characterizations by Chance-Constrained-Programming, in: Graves, R. L. und Wolfe, P. (Hrsg.): Recent Advances in Mathematical Programming, New York 1963, S. 113—120; Albach, H.: Das optimale Investitionsbudget bei Unsicherheit, a.a.O.; Albach, H.: Long Range Planning in Open-Pit Mining, in: MS, Bd. 13 (1967), S. B—549—568; Krümmel, H.-J.: Liquiditätssicherung im Bankwesen, in: Kredit und Kapital, 1968, H. 3, S. 247—307 und 1969, H. 1, S. 60—110, hier S. 71 ff.

28 Vgl. Bauer, K.-P.: a.a.O., S. 103 ff.

Finanzierungsaktivität verbunden sein können. Für jede Situation muß dann ein Eventualplan zur Verfügung stehen.

Ein Unternehmen habe beispielsweise die Möglichkeit, einen Kredit mit einer Laufzeit von fünf Jahren und einer Verzinsung von 7 % p. a. aufzunehmen. Dem Gläubiger stehe laut Kreditvertrag ein Kündigungsrecht nach drei Jahren zu.

Welche Zahlungen sind dem Kredit zuzurechnen?

Für die beiden ersten Perioden (t_1, t_2) ist die Lage klar:

t_1: 500 000
t_2: – 35 000

Für t_3 bestehen zwei Möglichkeiten,

1. der Gläubiger macht von seinem Kündigungsrecht Gebrauch:

— 535 000

2. der Gläubiger kündigt nicht:

— 35 000

Für t_4 und t_5 ist ausschlaggebend, ob in t_3 gekündigt wurde oder nicht:

Kündigung:	t_4: 0	t_5: 0
Keine Kündigung:	t_4: — 35 000	t_5: — 535 000

Das Unternehmen nimmt bestimmte Wahrscheinlichkeiten für den Eintritt der beiden Ereignisse an. Bei der Planung müssen beide Möglichkeiten in t_3 in Betracht gezogen werden. Die optimalen Verhaltensweisen in beiden Fällen können voneinander abweichen.

Wir benötigen somit eine Planungsmethode, die dem Unternehmen die Möglichkeit gibt, seine Aktivitäten in Abhängigkeit vom Eintritt unterschiedlicher Umweltkonstellationen zu planen (im obigen Beispiel: Gläubiger kündigt — Gläubiger kündigt nicht) und für jede Alternative einen Eventualplan aufzustellen.

V. Darstellung von Kreditaktivitäten im Modell der flexiblen Planung

1. Das Modell der flexiblen Planung

Der Grundgedanke der flexiblen Planung geht auf Überlegungen von Hart[29] zurück und fand in der Investitionstheorie[30] und in abge-

---

[29] Hart, A. G.: Anticipations, Uncertainty, and Planning, New York 1940, Neuaufl. 1965; Hart, A. G.: Risk, Uncertainty, and the Unprofitability of

wandelter Form in der Entwicklungsplanung (research and development)[31] Anwendung. In der Entwicklungsplanung versteht man unter flexiblem Vorgehen, daß alle erfolgversprechenden Projekte in Angriff genommen werden und die Zahl der bearbeiteten Projekte nach dem jeweiligen Informationsniveau sukzessiv verkleinert wird, bis das optimale Projekt gefunden ist[32].

In der deutschen Literatur wurde das Konzept der flexiblen Planung erst in jüngster Zeit für investitionstheoretische Fragestellungen[33] und für das Problem der Annahme oder Ablehnung von Kundenaufträgen[34] aufgegriffen. Für die Probleme der Unternehmensfinanzierung wurde dieser Ansatz bisher nicht nutzbar gemacht.

Die flexible Planung bietet ein Konzept, wie bei ungewisser Zukunft die Aktivitäten der Unternehmung im Ablauf der Planungsperiode in Abhängigkeit von den anfallenden Informationen auszuwählen sind. Im Gegensatz zur starren Planung, deren Ergebnis ein bestimmtes Handlungsprogramm oder eine Programmfolge ohne Berücksichtigung später eventuell notwendiger Programmkorrekturen ist, führt die flexible Planung zu einem System von Teilplänen, wobei die zu realisierende Abfolge vom Eintreffen von Informationen abhängig gemacht wird[35]. Wenn sichere Erwartungen über die Ergebnisse der Aktionen des Unternehmens vorliegen würden, erübrigte sich eine flexible Planung. Die Aktion oder die Aktionenfolge mit dem höchsten Zielwert wäre auszuwählen. Dem entspricht folgende spieltheoretische Situation:

Compounding Probabilities, in: Fellner, W. und Haley, B. F. (Hrsg.): Readings in the Theory of Income Distribution, London 1950, S. 547—557.

[30] Magee, J. F.: Decision Trees for Decision Making, in: HBR, Bd. 42 (1964), No. 4, S. 126—138; Magee, J. F.: How to Use Decision Trees in Capital Investment, in: HBR, Bd. 42 (1964), No. 5, S. 79—96; Hespos, R. F. und Strassmann, P. A.: Stochastic Decision Trees for the Analysis of Investment Decisions, in: MS, Bd. 11 (1965), S. B—244—259.

[31] Marschak, T. und Nelson, R.: Flexibility, Uncertainty, and Economic Theory, in: Metroeconomica, 1962, S. 42—58, hier S. 53—55.

[32] Vgl. hierzu Klein, B. und Meckling, W.: Application of Operations Research to Development Decisions, in: OR, Bd. 6 (1958), S. 352—363, und die Arbeiten von T. Marschak, etwa Marschak, T.: The Role of Project Histories in the Study of R & D, in: Marschak, T., Glennan, T. K. Jr. und Summers, R. (Hrsg.): Strategy for R & D, Berlin—Heidelberg—New York 1967, S. 49—139, hier S. 136—137.

[33] Wittmann, W.: a.a.O., S. 187—201; Jacob, H.: Flexibilitätsüberlegungen in der Investitionsrechnung, in: ZfB, 37. Jg. (1967), S. 1—34; Jacob, H.: Zum Problem der Unsicherheit bei Investitionsentscheidungen, in: ZfB, 37. Jg. (1967), S. 153—187; Laux, H.: Flexible Planung ..., a.a.O.; Jochum, H.: Flexible Planung als Grundlage unternehmerischer Investitionsentscheidungen, Diss. Saarbrücken 1969; Hax, H.: Investitionstheorie, Würzburg—Wien 1970, S. 131—151.

[34] Laux, H.: Auftragsselektion bei Unsicherheit, in: ZfbF, 23. Jg. (1971), S. 164—180.

[35] Hax, H.: Investitionstheorie, a.a.O., S. 132.

Die Züge des Gegenspielers liegen für jede Runde fest und sind dem Spieler bekannt. Der Spieler kennt die Züge, die ihm in jeder Runde offenstehen; er kennt das Ergebnis (die Auszahlung) aller seiner Züge und aller möglichen Zugfolgen. Die Lösung für den Spieler ist die Zugfolge mit der maximalen Auszahlungssumme.

Unterliegen die Ergebnisse der unternehmerischen Aktivitäten stochastischen Einflüssen, wird eine Festlegung der optimalen Aktion oder Aktionenfolge schwieriger. Das Risikoverhalten des Unternehmers muß berücksichtigt werden. Unterstellt man jedoch, daß im Ablauf der Planungsperiode keine zusätzlichen Informationen anfallen, so wird auch hier eine bestimmte Handlungsfolge, die Programmkorrekturen nicht in Betracht zieht, das Ergebnis der Planung sein. Das Konzept der flexiblen Planung dagegen geht von den realistischen Annahmen aus, daß die Erwartungen über die Ergebnisse von Aktionen des Unternehmens unsicher sind und daß sich das Informationsniveau der Unternehmung im Zeitablauf verbessert.

a) Sequentielle Entscheidung

Flexible Planung ist nur dann möglich, wenn eine Folge von Entscheidungsstufen betrachtet werden kann.

T sei eine endliche Menge von Zeitpunkten, die in dem Intervall $[a, b]$ liegen, d. h. $T \subset [a, b]$.

a = Beginn der Planungsperiode
b = Ende der Planungsperiode

A sei die Menge der Aktionen, sie wird zerlegt in eine Familie F von Teilmengen.

$$F = \{A_i\} \; i \in T$$

Hier bedeutet A_i die Menge der im Zeitpunkt i möglichen Aktionen.

Daher werden zwei Aktionen $e, f \in A$ als nicht identisch betrachtet, sobald sie sich auch nur darin unterscheiden, daß sie zu verschiedenen Zeitpunkten ergriffen werden.

Es ist nur dann sinnvoll, von sequentieller Entscheidung zu sprechen, wenn die Aktionen über die Zeit hinweg nicht voneinander unabhängig sind.

Eine sequentielle Entscheidung ist nur durchführbar, wenn die Planungsvorhaben, auf die sich die Aktivitäten des Unternehmens beziehen, keine unbedingte Festlegung zu Beginn des Planungszeitraums erfordern; das heißt, die Planungsobjekte müssen den Einwirkungen des Entscheidenden auch später noch zugänglich sein und dürfen nicht bereits durch eine Entscheidung für die gesamte Planungsperiode determiniert sein. Hax[36] bezeichnet diese Eigenschaft der geplanten Projekte als Elastizität und führt als Beispiel die qualitative[37] und die quantitative[38] Elastizität von Produktionsanlagen an. Entsprechende Beispiele aus dem Bereich der Fremdfinanzierung bieten sich an. Ein Kreditvertrag, der dem Schuldner das Recht der Tilgung zu jedem Zeitpunkt der Überlassungsdauer einräumt, ist elastischer als eine Kapitalüberlassung, bei der Rückzahlung am Ende der Kreditdauer unter Ausschluß einer vorzeitigen Tilgung vereinbart ist. Ebenso wird man einen Kredit, der dem Kreditgeber eine Anpassung der Verzinsung an Veränderungen des allgemeinen Zinsniveaus gestattet, als elastischer bezeichnen als einen Kredit, bei dem eine feste Verzinsung ausbedungen wurde.

b) *Variables Informationsniveau*

Der Informationsbeschaffung und -verarbeitung im Unternehmen kommt besondere Bedeutung zu, da bessere Informationen bessere Entscheidungen erlauben[39, 40]. Der Begriff bessere Information wird verwendet im Sinne einer Vergrößerung der Informationsmenge.

Mit Wittmann wollen wir von vollkommener Information sprechen, wenn vollkommene Kenntnis der Zukunft besteht; können keinerlei Aussagen gemacht werden, liegt vollkommene Ignoranz vor. Vollkommene Information beinhaltet, daß sämtliche gegenwärtigen und zukünftigen Aktionsmöglichkeiten der Unternehmung und alle Umweltreaktionen sicher bekannt sind. Zwischen den beiden Extremen liegen die Grade der Information oder die Informationsniveaus, die für die wirtschaftliche Realität charakteristisch sind[41]. Ein Teil der Literatur versteht unter unvollkommener Information den Sachverhalt, daß zwar die Aktionsmöglichkeiten und die möglichen Reaktionen der Umwelt bekannt sind, über den Eintritt der Umweltereignisse aber keine sicheren Aussagen gemacht werden können[42]. Wir setzen nicht voraus,

---

[36] Hax, H.: Investitionstheorie, a.a.O., S. 132—133.

[37] Umstellungsfähigkeit auf verschiedene Produkte.

[38] Anpassungsfähigkeit an unterschiedliche Ausbringungsmengen.

[39] Vgl. in diesem Zusammenhang die Ausführungen Albachs zur These vom positiven Informationswert, Albach, H.: Informationswert, in: Grochla, E. (Hrsg.): Handwörterbuch der Organisation, Stuttgart 1969, Sp. 720—727, hier Sp. 726—727.

[40] Zur Auswirkung eines unterschiedlichen Informationsniveaus vgl. Nelson, R.: Uncertainty, Prediction, and Competitive Equilibrium, in: QJE, Bd. 75 (1961), S. 41—62; Nelson stellt die Gewinnerwartung von Unternehmen gegenüber, die verschieden gute Schätzungen des Marktpreises ihrer Absatzgüter vornehmen.

[41] Vgl. hierzu die Ausführungen bei Wittmann, W.: a.a.O., S. 18—23.

[42] Als Beispiel sei die Konzeption von Marschak angeführt: Sei p die Wahrscheinlichkeitsverteilung über die möglichen Ereignisse, dann unterscheidet Marschak vier Grade der Information:

daß die Unternehmung alle Aktionsmöglichkeiten der Zukunft und alle Zustände der Welt kennt, daher erstreckt sich in dieser Arbeit der Begriff der unvollkommenen Information auch auf diese sachlichen Bereiche.

Da für unsere Zwecke nur bestimmte Informationen relevant sind, wollen wir einschränkend festlegen, daß im weiteren Verlauf der Arbeit als Informationen bezeichnet werden: Aussagen über die Determinanten des Entscheidungsmodells oder Beobachtungen, die es erlauben, solche Aussagen abzuleiten. Determinanten des Modells sind die Aktionsmöglichkeiten der Unternehmung in den verschiedenen Zeitpunkten der Planungsperiode und die inner- und außerbetrieblichen Beschränkungen, durch die der Operationsbereich der Unternehmung eingegrenzt ist.

Unter dem Informationsniveau wollen wir die Menge von Informationen verstehen, über die ein Unternehmen zu einem bestimmten Dispositionszeitpunkt verfügt. Meist wird es zutreffen, daß das Informationsniveau im Zeitablauf höher wird. Intuitiv kann man sagen, daß sich Informationen über einen in der Zukunft liegenden Zeitpunkt verbessern, je näher der Zeitpunkt rückt, und daß sich der mit Informationen „abgedeckte" Zeitraum im Zeitablauf weiter in die Zukunft hineinschiebt. Das Informationsniveau ist also eine Funktion der Zeit. Daneben hängt es von den Mitteln ab, die für die Beschaffung, Speicherung und Verarbeitung von Informationen bereitgestellt werden. Das Konzept der flexiblen Planung erlaubt es auch, die optimale Informationspolitik der Unternehmung zu bestimmen; das mag jedoch hier als Behauptung stehen bleiben, um nicht zu weit vom eigentlichen Thema abzukommen. Wir wollen uns darauf beschränken zu fordern, daß der im „normalen Geschäftsbetrieb" anfallende Informationsstrom der flexiblen Planung entsprechend verarbeitet werden muß.

Bei der Konstruktion des Planungsmodells müssen sämtliche Informationen, die zum Zeitpunkt der Planerstellung vorliegen, berücksichtigt werden. Auch der im Ablauf der Planungsperiode zu erwartende Informationszugang muß beachtet werden.

Informationen, die eine Verbesserung von Wahrscheinlichkeitsaussagen ermöglichen, können mit Hilfe der adaptiven Planung berücksichtigt werden[43]. Die adaptive Planung bietet ein Konzept zur opti-

---

1. Die Unternehmung kennt p nicht.
2. Die Unternehmung hat Daten zur Verfügung, um p zu schätzen.
3. Die Unternehmung kennt p.
4. p ist bekannt, wobei ein Element von p gleich eins und alle übrigen gleich Null sind,

vgl. Marschak, J.: Role of Liquidity under Complete and Incomplete Information, in: AER, Bd. 39 (1949), Papers and Proceedings, S. 182—195, hier S. 183—184.

[43] Sturm, S.: Mehrstufige Entscheidungen unter Ungewißheit, Zur Theorie adaptiver Prozesse, Meisenheim am Glan 1970, S. 5.

malen Steuerung von Entscheidungsfolgen. Voraussetzung ist jedoch die Konstanz der Aktionsmöglichkeiten — es darf in keinem Entscheidungszeitpunkt eine Aktivität hinzukommen oder wegfallen — und die Konstanz der Zustände der Welt. Mit Hilfe der Bayesschen Statistik gelingt es, Beobachtungen (Stichproben) im Verlauf der Planungsperiode zur laufenden Verbesserung von a priori Aussagen über die Wahrscheinlichkeitsverteilung der Zustände der Realität einzusetzen.

Das folgende Beispiel diene der Verdeutlichung:

Ein Unternehmen plant die Einrichtung eines neuen Fließbandes. Für die Ausschußquote der Produktion an ähnlichen Anlagen bestehen Erfahrungen. Die notwendigen Lager- und Transportkapazitäten sind zu bestimmen. Zunächst werden die Dispositionen auf Grund vorhandener Erfahrungssätze (a-priori-Verteilung) bestimmt. Die tatsächlichen Beobachtungen über die Anzahl der Ausschußstücke an dem betreffenden Fließband (Stichproben) werden dann — über die nach Bayes benannten Regeln — zur Verbesserung der Dispositionen herangezogen.

Bei Partialmodellen, wie Lagerhaltungsmodellen, die sich durch eine gewisse Konstanz der Entscheidungssituation auszeichnen, mag die adaptive Planung gute Ergebnisse bringen; für die Planung aller Unternehmensbereiche ist sie nicht geeignet, da hier die erforderliche „Stabilität aller Entscheidungskonstituenten“[44] in der Regel nicht gegeben ist.

Im Modell der flexiblen Planung stellt die Kenntnis von der Realisierung eines bestimmten Umweltzustandes die Information dar, die auf jeder Entscheidungsstufe anfällt und berücksichtigt wird. Diese Information ist immer dann nicht bedeutungslos, wenn sich an die Realisierung verschiedener Ereignisse unterschiedliche Folgeereignisse oder Aktionsmöglichkeiten oder verschiedene Wahrscheinlichkeitsverteilungen für die gleichen Ereignisse knüpfen. In spieltheoretische Terminologie übertragen heißt das, daß in einem Zweipersonenspiel der Spieler darüber informiert ist, welche Züge sein Gegenspieler ergreifen kann, er schätzt auch die Wahrscheinlichkeit, mit der der Gegner die verschiedenen Züge durchführen wird. Spieler und Gegenspieler ziehen abwechselnd. Der Spieler wird im Verlauf des Spiels jeweils darüber informiert, wie sein Gegner gezogen hat, und kann entsprechend seine weiteren Dispositionen treffen.

c) Definition eines Entscheidungsbaums

Um die Entscheidungssituation der flexiblen Planung zu verdeutlichen, bedienen wir uns einer graphischen[45] Darstellung (vgl. Abb. 2). Mit Hilfe

---

[44] Sturm, S.: a.a.O., S. 62.

eines Baumgraphen sollen die Abfolgen von Aktionen der Unternehmung und Zuständen der Welt abgebildet werden. Diese Darstellungsform der flexiblen Planung entspricht der extensiven Form eines Ein-Personenspiels gegen einen Zufallsspieler, das aus endlich vielen Zügen

Abbildung 2

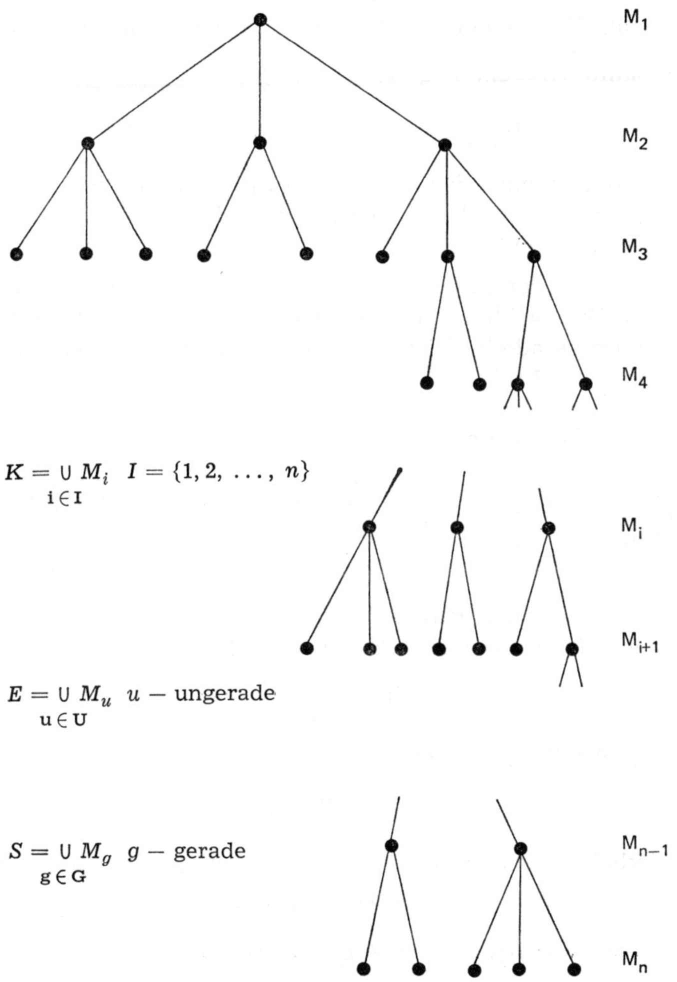

$K = \bigcup_{i \in I} M_i \quad I = \{1, 2, \ldots, n\}$

$E = \bigcup_{u \in U} M_u \quad u$ – ungerade

$S = \bigcup_{g \in G} M_g \quad g$ – gerade

---

45 Zur Anwendung der Graphentheorie im wirtschaftlichen Bereich vgl. auch Henn, R.: Graphen und Relationen, in: Henn, R. (Hrsg.): Operations Research Verfahren V, Meisenheim am Glan 1968.

besteht. Die Zahl der Züge werde mit n bezeichnet. Der Spieler (die Unternehmung) und der Zufallsspieler (die Umwelt) sind abwechselnd am Zuge. Die Züge des Spielers wollen wir Entscheidungsstufen nennen, die Züge des Zufallsspielers Ereignisstufen. Der Vergleich mit einem Spiel gegen die Natur stimmt nicht ganz, da in unserem Fall die möglichen Züge des Gegenspielers (oder deren Wahrscheinlichkeiten) von den ergriffenen Aktionen des Spielers abhängen können.

$M_1, M_2, M_3, \ldots, M_n$ seien disjunkte Mengen (n ungerade).

M_i soll als Knotenmenge der i-ten Stufe bezeichnet werden.

Die gesamte Knotenmenge sei

(1) $$K = \bigcup_{i \in I} M_i \qquad \text{mit} \quad I = \{1, 2, \ldots, n\}$$

I ist die Indexmenge der Baum- oder Spielstufen. Die Annahme einer endlichen Indexmenge I soll sicherstellen, daß das „Spiel" aus endlich vielen Zügen besteht.

Die Elemente der mit ungeraden Zahlen indizierten Mengen M_{2r-1} werden die Entscheidungsknoten einer Entscheidungsstufe genannt. Die Elemente der gerade indizierten Knotenmengen M_{2q} seien die Ereignisknoten auf jeder Ereignisstufe.

$$\left(r = 1, 2, 3, \ldots, \frac{n+1}{2}\right) \left(q = 1, 2, 3, \ldots, \frac{n-1}{2}\right)$$

Wir nehmen eine Zerlegung der Indexmenge I in die Teilmengen G und U vor.

$$I = G + U$$

G sei die Menge der geraden Indices, U die Menge der ungeraden. Dann ist die Menge der Entscheidungsknoten gleich

(2) $$E = \bigcup_{u \in U} M_u$$

Die Menge der Ereignisknoten ist gleich

(3) $$S = \bigcup_{g \in G} M_g$$

Der Entscheidungsbaum wird gebildet vermöge der Abbildung

(4) $$\Gamma : K \rightarrow \Phi\,(K)$$ [46]

Hier bezeichnet $\Phi\,(K) := \{A \subset K\}$ die Potenzmenge von K.

(5) $(x, y) \in K \times K$ heißt Kante des Graphen Γ, wenn $y \in \Gamma x$ ist.

---

[46] Wir werden diese Abbildung im Text auch als den „Graphen Γ" bezeichnen.

Die aus einem Entscheidungsknoten herausgehenden Kanten entsprechen den Aktionsmöglichkeiten der Unternehmung in diesem Punkt. Die Kanten, die einen Ereignisknoten verlassen, kennzeichnen mögliche Umweltrealisationen oder anders formuliert: sie sind die möglichen Aktionen des Zufallsspielers in diesem Punkt.

Wir wollen annehmen, daß die Entscheidungsstufen zeitlich aufeinanderfolgenden Entscheidungszeitpunkten der Unternehmung entsprechen, wobei der erste Entscheidungszeitpunkt mit dem Beginn des Planungszeitraums zusammenfällt.

Ein Entscheidungsbaum $\Gamma : K \rightarrow \Phi(K)$ wird durch folgende Eigenschaften charakterisiert:

K ist von der bisher geschilderten Art, und es gilt

(6) $$\Gamma x \in \Phi(M_{i+1}) \quad \text{falls} \quad x \in M_i \qquad (i = 1, 2, 3, \ldots, n-1)$$

Weiter gilt

(7) $$\bigwedge_{x \in M_n} \Gamma x = \emptyset$$

Kanten gibt es nur zwischen Knoten aus aufeinanderfolgenden Knotenmengen.

(8) M_1 ist einelementig.

Es gibt genau einen Ausgangsknoten x_1 des Entscheidungsbaums. Diese Eigenschaft des Entscheidungsbaums entspricht der Annahme, daß die Unternehmung weiß in welcher Umweltsituation sie sich in der Gegenwart, besser: zu Beginn der Planungsperiode befindet. Da die Planung Zeit in Anspruch nimmt, wird der Anfang der Planungsperiode nur im Grenzfall mit der Gegenwart übereinstimmen. In der Regel wird er um die Dauer der Planerstellung in die nahe Zukunft verschoben sein. Es gilt, diese Distanz möglichst klein zu halten, da ein aktuelleres Plansystem auch ein besseres Plansystem ist. Falls die Unternehmung den Zustand der Welt zu Beginn der Planungsperiode nicht kennt, sie aber über die möglichen Zustandsrealisationen informiert ist, wird die Entscheidungssituation durch eine Menge von Entscheidungsbäumen wiedergegeben und zwar ist für jeden potentiellen Zustand der Welt zu Beginn der Planungsperiode ein Entscheidungsbaum zu konstruieren.

(9) $$\bigwedge_{\substack{x \in K \\ x \neq x_1}} \overset{1}{\bigvee_{y \in K}} x \in \Gamma y$$

Alle Knoten einer Knotenmenge M_{i+1} sind durch eine Kante mit genau einem Knoten der Menge M_i verbunden.

Der Baum ist „sternförmig“: zu jedem Knoten des Entscheidungsbaums führt ein Kantenzug, der im Anfangsknoten beginnt.

Die letzte Stufe des Entscheidungsbaums entspricht dem Planungshorizont der Unternehmung. Dieser ist abhängig vom Informationsniveau. Der Planungshorizont ist dort zu ziehen, wo die der Unternehmung zur Verfügung stehenden Informationen es nicht mehr zulassen, die für eine explizite Planung notwendigen Aussagen über Aktionsmöglichkeiten der Unternehmung und deren potentielle Folgen zu machen.

Die Menge P aller möglichen Spielabläufe ist gleich der Menge aller möglichen Kantenzüge, die den Entscheidungsbaum vom Ausgangsknoten x_1 bis zu einem der Endknoten $n \in M_n$ durchlaufen.

(10) $$P \subseteq \prod_{i \in I} M_i \qquad \text{mit} \quad I = \{1, 2, 3, \ldots, n\}$$

hat die charakterisierende Eigenschaft

$$(x_1, x_2, x_3, \ldots, x_n) \in P \Leftrightarrow x_1, \in M_1 \wedge \bigwedge_{i=2,3,\ldots,n} (x_i \in M_{i \wedge} \, x_i \in \Gamma x_{i-1})$$

Wir definieren die Relation $*$ als

(11) $$* \subset K \times K$$

Sie sei charakterisiert durch

$$(x, y) \in * \Leftrightarrow \bigvee_{z \in P} \bigvee_{\substack{i, j \in I \\ i \leqq j}} (pr_i \, z = x \wedge pr_j \, z = y)$$

Hier bezeichnet pr_i die Projektion eines kartesischen Produkts auf seine i-te Komponente.

Für $(x, y) \in *$ schreiben wir $x * y$.

Wir wollen annehmen, daß die Unternehmung in der Lage sei, subjektive Wahrscheinlichkeiten für das Eintreten der möglichen Zustände der Welt anzugeben, die auf jeden Ereignisknoten folgen. Es ist möglich, daß für jeden Ereignisknoten verschiedene Ereignisse oder unterschiedliche Wahrscheinlichkeitsverteilungen maßgebend sind. Es können also auch die Ereignisse oder die Wahrscheinlichkeitsverteilungen auf einer Ereignisstufe unterschiedlich sein. Dies ist dann der Fall, wenn der Eintritt der Umweltzustände von den Aktionen der Unternehmung abhängt.

Gleichwertig dazu, daß man einer bestimmten Umweltsituation eine Wahrscheinlichkeit zuordnet, ist es, wenn man dem ganzen Teilbaum, der auf diese Realisation der Umwelt folgt, diese Wahrscheinlichkeit zuordnet. Wir wollen den Teilbaum, der auf der i-ten Stufe beginnt und der mit dem Kantenzug x mit dem Anfangsknoten verbunden ist, p_{xi} nennen (vgl. Abb. 3).

$$P_{xi} = \left\{ p \in P \mid \bigwedge_{j \leqq i} pr_j\, x = pr_j\, p \right\} \tag{12}$$

$$\text{mit} \quad x \in \prod_{j \leqq i} M_j \quad \text{und} \quad \bigvee_{z \in P} \bigwedge_{j \leqq i} pr_j\, z = pr_j\, x$$

Alle Teilbäume, die auf derselben ungerade indizierten Stufe beginnen und die durch eine Kante mit dem gleichen Knoten auf der vor-

Abbildung 3: Beispiel für einen Teilbaum

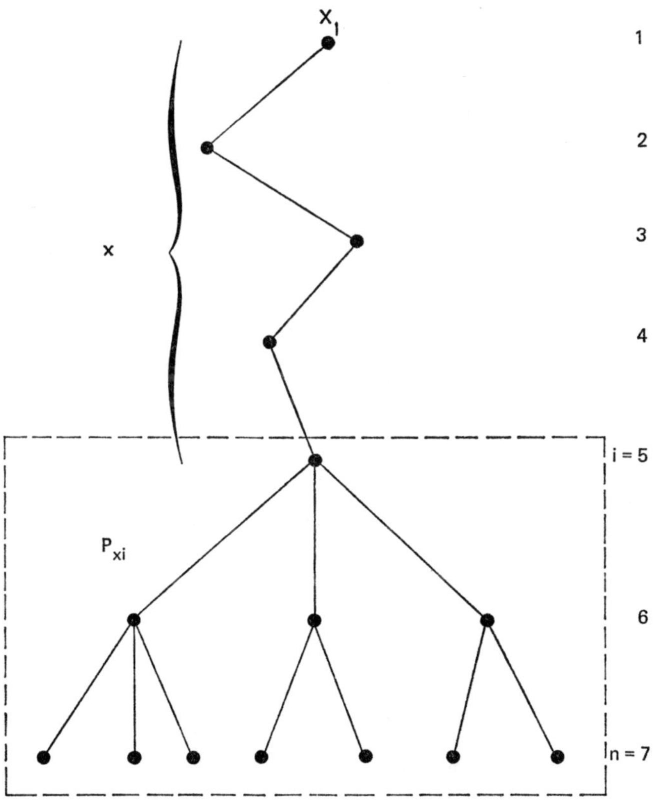

x_1 = Anfangsknoten
x = Kantenzug
P_{xi} = Teilbaum

hergehenden Stufe verbunden sind, bilden einen Wahrscheinlichkeitsraum W_{yi}; anders ausgedrückt enthält der Wahrscheinlichkeitsraum für jeden Ereignisknoten die Menge der Teilbäume, die ihren Anfangspunkt in einem der Entscheidungsknoten haben, die auf diesen Ereignisknoten unmittelbar folgen (vgl. Abb. 4).

(13) $$W_{yi} = \left\{ P_{xi} \,\middle|\, \bigwedge_{j<i} pr_j\, x = pr_j\, y \right\}$$

$$\text{mit} \quad i \in U \quad \text{und} \quad y \in \prod_{j<i} M_j$$

$$\text{und} \quad \bigvee_{z \in P} \bigwedge_{j<i} pr_j\, z = pr_j\, y$$

Abbildung 4: Beispiel für einen Wahrscheinlichkeitsraum

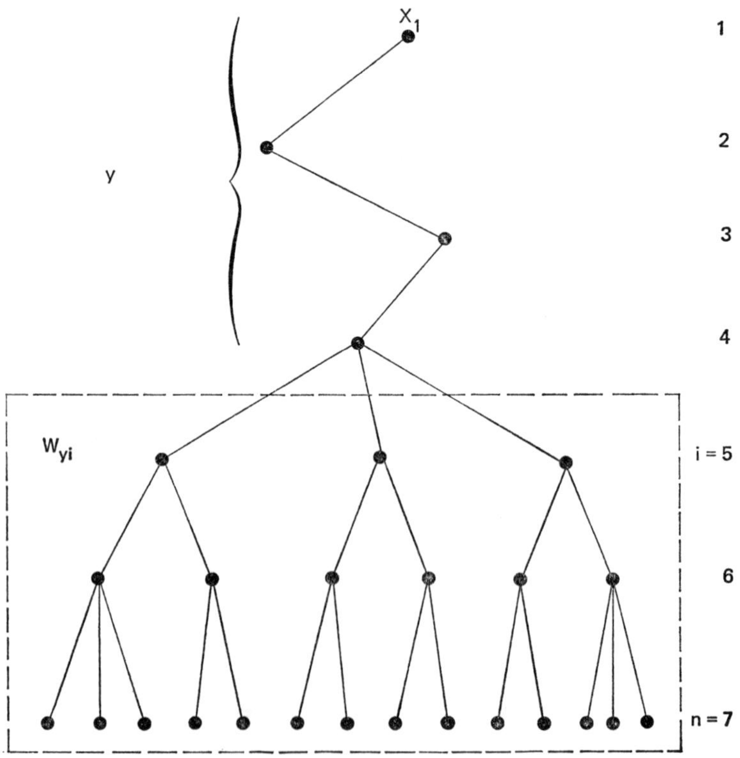

x_1 = Anfangsknoten
y = Kantenzug
W_{yi} = Wahrscheinlichkeitsraum

Wir wollen der Einfachheit halber annehmen, daß dem gesamten im Knoten x_1 beginnenden Baum die Wahrscheinlichkeit $p_1 = 1$ beizulegen ist.

2. Formulierung von Kreditaktivitäten

An jedem Entscheidungsknoten $e \in E$ mit Ausnahme der Knoten der letzten Stufe M_n können von der Unternehmung bestimmte Aktionen ergriffen werden. Die Knotenmenge M_n gehört zwar formal zu den Entscheidungsknoten, es können hier aber keine weiteren Aktionen mehr durchgeführt werden; das geht aus der Definition der Aktion als Kante und der Eigenschaft $\Gamma n = \phi$ für $n \in M_n$ hervor. Die Elemente der letzten Knotenmenge M_n werden durch die Ergebnisse der vorhergehenden Aktionen und Ereignisse gekennzeichnet.

Die Aktionen an den Entscheidungsknoten setzen sich z. B. aus Investitions-, Produktions- und Kreditaktivitäten zusammen. Welche Aktionen möglich sind, hängt von der Ausgangssituation und von den vorhergehenden Aktionen und Umweltzuständen ab. Vorhergehend zu einem bestimmten Knoten $k \in M_i$ sind alle die Entscheidungs- oder Ereignisknoten x, die in einer Knotenmenge M_j mit $j < i$ liegen und für die gilt $x * k$.

Für die Erfassung der möglichen Aktionen in einem Entscheidungsknoten werden Zahlungskoeffizienten definiert. Wir teilen sämtliche Zahlungen ein in Zahlungen im Finanzbereich, Zahlungen im Investitionsbereich, Zahlungen im Personal- und Organisationsbereich, Zahlungen im Absatzbereich und Zahlungen im Produktionsbereich. Zahlungen im Finanzbereich sind z. B. der Zustrom von Kreditvaluta, Tilgungen und Zahlungsströme im Zusammenhang mit den Kreditkosten.

Es gilt nun, die Kreditaktivitäten, die an den einzelnen Entscheidungsknoten zur Wahl stehen, in ihren Eigenschaften eindeutig zu beschreiben. Die Zahlungskoeffizienten geben jeweils an, welche Einzahlung oder Auszahlung an den betreffenden Entscheidungsknoten durch eine Einheit des Kredits hervorgerufen wird. Die Auswirkungen von Kreditaktivitäten in Form von Zahlungen können an allen nachfolgenden Entscheidungsknoten auftreten. Eine Kreditaktivität ist in ihren Eigenschaften vollständig beschrieben, wenn die Zahlungskoeffizienten aller nachfolgenden Entscheidungsknoten und die Wahrscheinlichkeitsverteilungen der nachfolgenden Zustandsrealisationen sowie die mutmaßlichen Kreditlinien angegeben werden.

F_{ej} sei die Kreditart j im Entscheidungsknoten e.

Die Menge der auf e nachfolgenden Entscheidungsknoten sei C_e, ($e \in C_e$).

(14) $$C_e = \left\{ x \in K \mid \left(\bigvee_{u \in U} x \in M_u \right) \wedge e * x \right\}$$

Die zu F_{ej} gehörigen Zahlungskoeffizienten Z_{ej} sind dann eine Abbildung von C_e in die reellen Zahlen.

$$Z_{ej} : C_e \to \mathbf{R}$$

Die Menge der auf e folgenden Wahrscheinlichkeitsräume sei V_e. Sei $e \in M_i$ mit $i \in U$, dann ist

(15) $$V_e = \left\{ W_{yk} \mid k > i \wedge y \in \prod_{l=1}^{k-1} M_l \wedge pr_i\, y = e \right\}$$

Die Kreditart F_{ej} ist dann charakterisiert durch Z_{ej} und V_e.

Somit ist auch bei der flexiblen Planung die Zahlungscharakteristik[47] wichtiges Merkmal einer Kreditaktivität. Die Ein- und Auszahlungscharakteristik ist allerdings nicht mehr deterministisch, sondern zufallsabhängig. In dem hier vorgelegten Entscheidungsmodell ist es möglich, konditionierte Kredite abzubilden. Beispielsweise können Kündigungsmöglichkeiten des Gläubigers dargestellt werden, wenn Wahrscheinlichkeitsaussagen darüber vorliegen, ob der Kreditgeber von seinem Recht Gebrauch machen wird oder nicht. Das Recht der Unternehmung auf vorzeitige Tilgung einer Industrieanleihe kann im Modell der flexiblen Planung abgebildet werden, wenn im Planungsstab der Unternehmung Erwartungen über die Entwicklung des Zinssatzes auf dem Markt für Industrieobligationen bestehen und die Unternehmung gewillt ist, eine Anleihe abzulösen und eine neue aufzulegen, wenn der Marktzins soweit unter den Zins der laufenden Anleihe sinkt, daß die Tilgungs- und Emissionskosten mindestens durch den Zinsgewinn gedeckt sind. In ähnlicher Weise können Konversionsklauseln in Kreditverträgen berücksichtigt werden. In diesen Fällen wird meist vereinbart, daß die Verzinsung des Kredits verringert oder erhöht werden soll, wenn ein bestimmter Indikator (z. B. der Zinssatz für Anleihen, die von öffentlichen Gebietskörperschaften emittiert werden) gewisse Werte annimmt. Diese Klauseln sind im Modell der flexiblen Planung darstellbar, wenn subjektive Wahrscheinlichkeitsaussagen über die Entwicklung des Indikators gewonnen werden können.

3. Lösungsmöglichkeiten flexibler Planungsmodelle

Die Lösung eines Modells der flexiblen Planung ist gefunden, wenn die Anzahl der möglichen Aktionen an jedem Entscheidungsknoten auf die optimale Aktion reduziert ist. Man erhält als Ergebnis ein System

---

47 Vgl. S. 29 ff.

von Teilplänen, die in Abhängigkeit vom Eintritt einer Zustandsrealisation verwirklicht werden sollen. Ein System von Teilplänen kann man als Unternehmensstrategie bezeichnen. Eine Unternehmensstrategie ist eine Folge von Abbildungen

(16) $l_1, l_3, \ldots, l_{2j+1}, \ldots, l_{n-2}$

$l_1 : M_1 \to M_1 \times M_2$

mit der Eigenschaft $pr_2\, l_1(x_1) \in \Gamma x_1$

$l_{2j+1} : \Gamma\, pr_2\, l_{2j-1}(M_{2j-1}) \to M_{2j+1} \times M_{2j+2}$

mit der Eigenschaft $pr_2\, l_{2j+1}(x) \in \Gamma x$

$\forall\, x \in D(l_{2j+1})$

$D(l_{2j+1})$ ist der Definitionsbereich von l_{2j+1} .

Dies entspricht der optimalen Strategie in spieltheoretischer Terminologie, die eine optimale Verhaltensanweisung für jeden möglichen Zug des Zufallsspielers angibt. Offenbar wird das Auffinden der optimalen Unternehmensstrategie um so schwieriger, je mehr Umweltzustände möglich sind und je mehr — nicht a priori dominierte — Handlungsmöglichkeiten an jedem Entscheidungsknoten in Frage kommen.

Wir wollen nun die Abbildungen $l_1, \ldots, l_{n-2}$ spezifizieren. Als Zielfunktion sei bei vorgegebenem Entnahmestrom im Verlauf der Planungsperiode der Erwartungsnutzen des Endvermögens zu maximieren. Für diese Zielfunktion sprechen zwei Argumente:

(1) Die Zielfunktion ist empirisch plausibel.

Die vorgegebenen Entnahmen stehen bei Aktiengesellschaften für die geplanten Dividenden. Die in der Praxis zu beobachtende relativ konstante Dividendenpolitik der Unternehmen stützt diese Formulierung der Zielfunktion.

Die Entnahmen entsprechen bei Personengesellschaften den geplanten Konsumentnahmen während der Planungsperiode. Die individuelle Konsumpräferenz kann bei der Vorgabe des Entnahmestromes berücksichtigt werden.

Das Wachstumsstreben der Unternehmung findet Ausdruck in der Maximierung des Erwartungsnutzens des Vermögens zum Planungshorizont.

(2) Die Zielfunktion ist für die theoretische Konzeption des flexiblen Planungsmodells gut geeignet. Der Erwartungsnutzen des Endvermögens ist ein Optimierungskriterium, das der Unsicherheit der Zukunft Rechnung trägt. Die gewünschten Entnahmen können als Auszahlungen an den Entscheidungsknoten berücksichtigt werden.

Falls die Unternehmung beabsichtigt, bei Eintritt eines Zahlungsdefizits auf Entnahmen zu verzichten, kann die Zielfunktion entsprechend geändert werden: die Auszahlungen werden dann nicht mehr als Parameter, sondern als Variable behandelt. Wir unterstellen, daß das Vermögen der Unternehmung am Ende der Planungsperiode nur aus Zahlungsmitteln besteht. Reale Supplementinvestitionen und Finanzanlagen werden explizit berücksichtigt. Die Unsicherheit der Umwelt finde ihren Niederschlag auf dem Absatzsektor (z. B. mit Preis und Absatzmenge der Endprodukte als Zufallsvariable) und im Bereich der Fremdfinanzierungsmöglichkeiten (etwa durch Kündigungsklauseln). Wir wollen davon ausgehen, daß die verbundene Wahrscheinlichkeitsverteilung der Zufallsvariablen für jeden Entscheidungsknoten bekannt sei. Es ist dann die optimale Aktion für jedes Ereignis zu suchen.

Das optimale Plansystem kann mit Hilfe der „roll-back-Methode" gefunden werden[48]. Sie gibt die Anweisung, von der letzten Entscheidungsstufe an rückwärts schreitend den Entscheidungsbaum zu lösen. Zunächst wird für alle Entscheidungsknoten in M_{n-2} der Nutzen der Endvermögensverteilung jeder Aktion bestimmt und die Aktion mit dem höchsten Nutzen ausgewählt. Danach führt man die gleiche Operation für die Entscheidungsknoten in M_{n-4} aus und schreitet so im Entscheidungsbaum weiter zurück, bis man die optimale Aktion für x_1 gefunden hat. Diese Methode ist recht mühsam. Sie ist nur anwendbar, wenn die Knotenmengen M_i endlich sind, und sie ist nur praktikabel, wenn die Gesamtzahl der Knoten eine bestimmte Grenze nicht übersteigt. Hespos und Strassmann haben vorgeschlagen, auf Entscheidungsbäume ein Simulationsverfahren anzuwenden. Mit ihrer „stochastic-decision-tree-Methode" gelingt es, auch umfangreichere Probleme zu lösen[49]. Mit dieser Methode können auch Umweltereignisse mit kontinuierlichen Wahrscheinlichkeitsverteilungen berücksichtigt werden.

Unter bestimmten Voraussetzungen kann der Entscheidungsbaum auf einen Zustandsbaum reduziert werden. Dies ist jedoch nur möglich, wenn die in Frage kommenden Zustandsrealisationen und ihre Verteilung unabhängig von den Aktionen der Unternehmung sind. Hiervon geht offensichtlich Laux aus, wenn er in seiner Habilitationsschrift vorschlägt, die Erwartungsstruktur des Unternehmens über die Entwicklung der Umwelt in einem Zustandsbaum zusammenzufassen[50].

Diese in den meisten Fällen unplausible Restriktion kann aufgehoben werden, wenn man mit Entscheidungsbäumen arbeitet. Laux verwirft

[48] Diese Methode wendet z. B. Magee an, vgl. Magee, J. F.: Decision Trees ..., a.a.O., S. 132 ff. und Magee, J. F.: How to Use Decision Trees ..., a.a.O., S. 86 ff.

[49] Hespos, R. F. und Strassmann, P. A.: a.a.O., S. 252 ff.

[50] Laux, H.: Flexible Investitionsplanung, Opladen 1971, S. 19 ff.

die Investitionsplanung auf der Grundlage eines Entscheidungsbaumes wegen des hohen Planungsaufwands. Tatsächlich sind aber bisher lediglich solche Planungsmodelle in der Praxis mit Nutzen angewandt worden[51].

Zur Lösung von Problemen, die sich mit Hilfe von Zustandsbäumen darstellen lassen, wurde die Anwendung der linearen Programmierung[52] und der auf dem Optimalitätsprinzip von Bellman beruhenden dynamischen Programmierung vorgeschlagen[53].

Da das Konzept der flexiblen Planung nur einen Teil der im Ablauf der Planungsperiode anfallenden Informationen in den Planungsprozeß integrieren kann (und zwar die Information, welcher Umweltzustand realisiert wurde), wird in aller Regel die abgeleitete optimale Strategie nicht bis zur Stufe $n - 2$ verfolgt werden. Das gesamte Planungskonzept der Unternehmung muß vielmehr dafür Sorge tragen, daß in bestimmten Abständen ein neuer flexibler Plan aufgestellt wird, der dem gesamten aktuellen Informationsniveau angepaßt ist. Der Grund für diese Notwendigkeit ist einmal darin zu sehen, daß für den Zeitraum bis zum Planungshorizont, der die zeitliche Informationsgrenze der Unternehmung bei Planaufstellung kennzeichnete, neue Aktionsmöglichkeiten der Unternehmung erkannt werden oder das Verhalten der Umwelt anders eingeschätzt wird. Zum anderen verschiebt sich der Planungshorizont selbst. Die Festlegung der Zeitpunkte, an denen der flexible Plan revidiert werden soll (d. h. die Informationen führen zu Veränderungen des bedingten Plansystems bei gleichem Planungshorizont) oder an denen ein neuer Plan erstellt werden soll (d. h. die Informationen erlauben die Konzipierung eines Plansystems mit weiter in der Zukunft liegendem Planungshorizont), kann entweder vom Informationsanfall selbst abhängig gemacht werden, oder es können bestimmte Zeitpunkte auf Grund von vorhandenen Erfahrungen über den durchschnittlichen Informationsanfall fixiert werden.

---

51 Vgl. hierzu die oben angeführten Aufsätze von Magee und Hespos-Strassmann.

52 Laux, H.: Flexible Planung ..., a.a.O.; zur linearen Programmierung siehe das Werk von Krelle, W. und Künzi, H. P.: Lineare Programmierung, Zürich 1958.

53 Hax, H.: Investitionstheorie, a.a.O., S. 141 ff.; Jochum, H.: a.a.O., S. 110 ff.; zum Prinzip der dynamischen Programmierung vgl. Bellman, R.: Dynamische Programmierung und selbstanpassende Regelprozesse, München und Wien 1967, S. 88 ff.; Wentzel, J. S.: Elemente der dynamischen Programmierung, München und Wien 1966; Beckmann, M. J.: Dynamic Programming of Economic Decisions, Berlin—Heidelberg—New York 1968.

D. Bestimmung des Kreditpotentials im flexiblen Planungsmodell

Nach der Diskussion der adäquaten Abbildung der Kreditfinanzierung in Entscheidungsmodellen der langfristigen Unternehmensplanung wenden wir uns nun der Frage nach der Bestimmung des Kreditpotentials im Planungszeitraum zu: um den Operationsbereich des Unternehmens abzustecken, muß ein Katalog der Kreditaktivitäten aufgestellt werden, die zu den verschiedenen Entscheidungszeitpunkten im Ablauf der Planungsperiode zur Verfügung stehen. Wir wollen in einem ersten Schritt überlegen, welche Bedeutung in diesem Zusammenhang absoluten Zugangsbeschränkungen zu einzelnen Kreditarten zukommt.

Es wird streng genommen nie gelingen, alle möglichen Finanzierungsquellen, die im Verlauf der Planungsperiode verfügbar sein werden, mit Sicherheit vorauszusagen. Noch weniger realistisch scheint die Annahme, die jeweilige Höhe, bis zu der eine Finanzierungsquelle in Anspruch genommen werden kann, könne sicher fixiert werden. Eine theoretisch exakte Bestimmung des Kreditpotentials eines Unternehmens wäre nur in einer Gleichgewichtsanalyse des relevanten Ausschnitts der Finanzierungsmärkte möglich. Wegen der Vielzahl der konkurrierenden Financiers, dem breiten Sortiment unterschiedlicher Kreditarten und der Interdependenz der Kreditketten handelt es sich aber um einen schwer zu quantifizierenden Tatbestand. Eine solche Analyse würde die Möglichkeiten eines Unternehmens bei weitem übersteigen.

Für die Planung stellt sich daher die Aufgabe, das komplizierte Gefüge der Kreditmärkte mit vereinfachenden Annahmen im Entscheidungsmodell darzustellen, ohne sich dem Vorwurf auszusetzen, das Modell zeichne die Realität nicht so präzise nach, daß die Genauigkeit den Ansprüchen, die das Problem selbst stellt, gerecht wird.

Ausschlaggebend für die Sicherung des Geldanschlusses ist bis hin zu den größten Unternehmen der Nachweis hinreichender Bonität, denn der Kreditgeber ist daran interessiert, daß sein Schuldner die vereinbarten Leistungen zeitpunktgerecht in vereinbarter Höhe erbringt. Man kann also mit Recht annehmen, daß ein Unternehmen solange über Kredit verfügt, wie es nachweisen kann, daß seine Liquidität im Verlauf der Kreditbeziehung gewahrt bleibt, vorausgesetzt, die potentiellen

Gläubiger verfügen über ausreichende ausleihfähige Mittel. Wegen der Natur langfristiger Planungsmodelle als Umrißplanung und wegen der Unsicherheit der Zukunft kann es einem potentiellen Schuldner jedoch in der Regel nicht gelingen, den Financiers seine zukünftige Zahlungsfähigkeit mit Sicherheit nachzuweisen.

Der Nachweis einer ausreichenden Existenzsicherung des Unternehmens bleibt gleichwohl von entscheidender Bedeutung für den Kreditnachfrager: die Gläubiger versuchen, Aussagen über die Zahlungsfähigkeit des Schuldners während der Kreditlaufzeit und damit Aussagen über die Kreditrisiken zu gewinnen. Die Risiken des Engagements werden transparenter, wenn der Financier Kenntnis von den in Betracht gezogenen Strategien des Kreditnachfragers hat, somit spielt der Informationsfluß zwischen dem Unternehmen und den Financiers und die Frage, ob die Gläubiger die angewandte Planungsmethode akzeptieren, und ob sie zur selben Einschätzung der relevanten Daten gelangen, eine bedeutende Rolle.

Auf Grund dieser Überlegungen wollen wir im folgenden untersuchen, welchen Stellenwert bestimmte Finanzierungsregeln für die Bestimmung des Kreditpotentials der Unternehmung haben. Sodann wenden wir uns dem Problem des Nachweises einer ausreichenden Existenzsicherung in langfristigen Planungsmodellen zu. Wir werden verschiedene in der Literatur vorgeschlagene Ansätze kritisch durchleuchten und eine eigene Methode vorschlagen, die das vorhandene Informationsniveau der Unternehmung zur Formulierung von Ausgleichsaktivitäten für Zahlungsengpässe ausnutzt und die der Risikoneigung der Unternehmung Rechnung trägt. Schließlich wollen wir ein Testverfahren für die finanzielle Zulässigkeit von Unternehmensstrategien entwickeln, das auf beobachtbaren Verhaltensweisen der Financiers beruht und das voraussetzt, daß keine Sickerstellen im Informationsfluß zwischen dem kreditsuchenden Unternehmen und den Financiers auftreten.

I. Zugangsbeschränkungen und Mindestrelationen

1. Zur Bedeutung von Zugangsbeschränkungen zu einzelnen Kreditarten

Der Katalog der zulässigen Kreditaktivitäten wird eingeschränkt durch die Tatsache, daß bestimmte Kreditarten nur aufgenommen werden können, wenn das kreditsuchende Unternehmen oder seine geplanten Aktivitäten bestimmten Bedingungen genügen, die sich als absolute Zugangsbeschränkungen zu den in Rede stehenden Kreditarten auswirken. Um Mißverständnisse zu vermeiden, sei betont: wenn bestimmte Kreditarten aus dem Planungskalkül ausscheiden, weil die

Zugangsbedingungen nicht erfüllt sind, bedeutet dies keinesfalls, daß das Unternehmen nicht die notwendigen Mittel zur Finanzierung einer bestimmten Strategie aus anderen Quellen aufnehmen kann. Zugangsbeschränkungen zu Kreditmärkten haben meist rechtliche oder traditionelle Ursachen. Ohne Anspruch auf Vollständigkeit seien einige Bedingungen aufgezählt, von denen der Marktzutritt abhängen kann:

— die Rechtsform der Unternehmung
— die Größe der Unternehmung
— die Mitgliedschaft in bestimmten Körperschaften
— bestimmte Vorausetzungen, die in der Person des Unternehmers erfüllt sein müssen
— die Branche, in der das Unternehmen tätig ist
— Standort und Wirtschaftszweig geplanter Investitionsobjekte.

Die letzten drei Bedingungen haben Bedeutung bei der Vergabe von Krediten der öffentlichen Gebietskörperschaften für private Investitionstätigkeit. Dies ergibt sich aus den Zielvorstellungen, die mit der Vergabe dieser Kredite (die sich regelmäßig durch sehr günstige Konditionen auszeichnen) verfolgt werden[1]. Die Bedeutung der Zugangsbeschränkungen bei privater Kreditvergabe darf nicht überschätzt werden, sie hat teilweise nur formalen Charakter; so vergeben etwa die Kreditgenossenschaften zwar nur an Genossen Kredit, die Aufnahme in die entsprechende Gesellschaft ist aber leicht zu bewerkstelligen, ohne daß Folgen auftreten, die den Vorteil aus der Mitgliedschaft wesentlich beeinträchtigen.

Eine Vielzahl denkbarer Kreditbeziehungen wird a priori an der räumlichen Distanz von Kreditsuchenden und Kapitalanlegern scheitern. Eine weitere Beschränkung des Zugangs zu bestimmten Krediten kann darin bestehen, daß üblicherweise die Financiers das Stellen von Sicherheiten verlangen. Besicherungen von Krediten bestehen meist in der Abtretung oder Verpfändung von Sachen oder Rechten oder in Bürgschaftserklärungen Dritter. Gläubiger fordern Sicherheiten, um bei (drohender oder eingetretener) Zahlungsunfähigkeit oder Zahlungsunwilligkeit des Schuldners entweder eine schnelle Befriedigung ihrer offenstehenden Forderungen zu erreichen oder aber um bevorzugt vor

---

1 Als Beispiel seien die Richtlinien des Bundesschatzministers für die Gewährung von Krediten aus Mitteln des ERP-Sondervermögens zur Errichtung mittelständischer Betriebe in neuen Wohnsiedlungen, neugeordneten Stadtteilen und Gewerbegebieten vom 25. 11. 1964, in: Bundesanzeiger Nr. 236 vom 27. 12. 1964 und die Richtlinien des Bundesministers für Wirtschaft für die Verwendung der Bundeshaushaltsmittel für das Regionale Förderungsprogramm der Bundesregierung, in: Bundesanzeiger Nr. 52 vom 15. 3. 1967 genannt.

anderen Gläubigern ihre Rechte geltend machen zu können[2]. Ein Teil der Literatur sieht in den vorhandenen Sicherheiten der Unternehmung einen wesentlichen Faktor für die Begrenzung des Kreditspielraums[3].

Krümmel hat nachgewiesen, daß zwar durch die Spezialisierung und Differenzierung der Produktionsprozesse der Anteil an zur Besicherung von Industriekrediten geeigneten Standardgütern bei gewissen Unternehmensgruppen ständig gesunken ist, der Finanzierungspielraum der betroffenen Unternehmen gleichwohl nicht eingeengt wurde; vielmehr schob sich die Bedeutung der „Beleihung der Ertragskraft" in dem Maße in den Vordergrund, in dem das Denken in „realen Sicherheiten" an Bedeutung verlor. Es ist leicht einzusehen, daß sich dadurch der Planungskalkül der gewerbsmäßigen Kreditgeber nicht vereinfacht hat: „In der Tendenz ist ... an die Stelle der relativ einfachen Abschätzung der Verwertungserlöse leicht abtretbarer Standardgüter mehr und mehr die relativ komplizierte und schwierige Abschätzung von zukünftigen Gewinnen und Verlusten getreten[4]." Der Einsatz quantitativer Planungsmethoden in den betroffenen kreditsuchenden Unternehmen wird die Entscheidungssituation eines Financiers, der sich einer ertragsorientierten Kreditselektion bedient, transparenter machen. Krümmel weist jedoch zu Recht darauf hin, daß sich damit die inhärenten Finanzierungsrisiken nicht aufwiegen lassen[5].

Es bleibt festzuhalten, daß absolute Zugangsbeschränkungen zu bestimmten Kreditarten den Finanzierungsspielraum der Unternehmung nicht wesentlich beschränken, gleichwohl ist bei der Konzeption des flexiblen Planungsmodells zu beachten, daß nur solche potentiellen Kreditfazilitäten an den einzelnen Entscheidungsknoten enumeriert werden, zu denen keine Zugangsbeschränkungen bestehen oder deren Zugangsbedingungen erfüllt werden.

2. Der Stellenwert von Mindestrelationen bei der Kreditvergabe

Neben den absoluten Zugangsbeschränkungen zu bestimmten Kreditmärkten gibt es relative Beschränkungen, deren Beachtung sich für den Kreditnachfrager als notwendig erweisen kann. Es sind dies Vorstellungen potentieller Gläubiger über das Wohlverhalten eines ordentlichen Schuldners, die meist ihren Niederschlag darin finden, daß zwischen bestimmten Bilanzpositionen des kreditsuchenden Unter-

---

2 Vgl. Krümmel, H.-J.: Bankzinsen, a.a.O., S. 173 ff.

3 So etwa Hart, A. G.: Assets, Liquidity, and Investment, in: AER, Papers and Proceedings, Bd. 39 (1949), S. 171—181, hier S. 172, und Witte, E.: Die Liquiditätspolitik der Unternehmung, Tübingen 1963, S. 32.

4 Krümmel, H.-J.: Der Zins in der modernen Wirtschaft, in: Der langfristige Kredit, 23. Jg. (1972), Heft 1, S. 3—13, hier S. 8—9.

5 Krümmel, H.-J.: Der Zins ..., a.a.O., S. 9.

nehmens eine Mindestrelation nicht unterschritten werden soll. Ziel eines Gläubigers, der seinem Schuldner solche Auflagen macht, ist es, die Rückzahlung von Kreditbetrag, vereinbarten Zinsen und Gebühren zu sichern. In der Literatur wurden mehrere Ansätze vorgelegt, die versuchen, durch Konstruktion von bestimmten Modellbedingungen solche Anforderungen potentieller Gläubiger an ein kreditsuchendes Unternehmen zu erfassen[6]. Als Nachweis für die Kreditfähigkeit und als Zeichen unternehmerischen Wohlverhaltens wurden folgende Regeln als Modellbedingungen formalisiert:

- Kapitalstrukturregeln
- Regeln der Fristenentsprechung
  - Goldene Bankregel
  - Bodensatzregel
- Mindestrelation von Cash Flow zu Gesamtverschuldung
- Maximalbelastungsregel.

a) Kapitalstrukturregeln

Unter Kapitalstrukturregeln versteht man die Forderung nach Einhaltung einer bestimmten Mindestrelation von Positionen der Passivseite der Bilanz. Von besonderer Bedeutung ist dabei die sogenannte „Goldene Finanzierungsregel", die eine bestimmte Proportion von Eigenkapital und Fremdkapital verlangt, welche nicht unterschritten werden soll[7]. Solche Kapitalstrukturregeln sind zwar rational nicht abzuleiten, da ihre Befolgung keinesfalls das finanzielle Gleichgewicht der Unternehmung sichern kann, eine gewisse praktische Bedeutung ist ihnen aber nicht abzustreiten[8, 9]. Vor allem Banken legen Wert darauf, daß ihre Kreditnehmer Kapitalstrukturen aufweisen, die nicht wesentlich vom Branchendurchschnitt abweichen[10]. Gleichwohl zeigt

---

[6] Vgl. etwa Albach, H.: Das optimale Investitionsbudget ..., a.a.O., S. 509 bis 516; Meyhak, H.: Simultane Gesamtplanung im mehrstufigen Mehrproduktunternehmen, Wiesbaden 1970, S. 338—349; Bauer, K.-P.: a.a.O., S. 89 ff.

[7] Wagner, H.: Simultane Planung von Investition, Beschäftigung und Finanzierung mit Hilfe der dynamischen Programmierung, in: ZfB, 37. Jg. (1967), S. 709—728, hier S. 719—720; Blumentrath, U.: a.a.O., S. 157.

[8] Zur praktischen Relevanz und theoretischen Aussagekraft von Bilanzstrukturregeln vgl. den Bericht über Vorträge und Diskussion der Arbeitstagung der Schmalenbach-Gesellschaft in Frankfurt/Main am 13. 11. 1964, in: ZfbF, 17. Jg. (1965), S. 57—142.

[9] Albach erklärt den Aufstieg der Leasing-Gesellschaften in Deutschland mit der Einhaltung bestimmter Eigenkapital-Fremdkapital-Relationen, vgl. Albach, H.: Das optimale Investitionsbudget ..., a.a.O., S. 512.

[10] Zur Bedeutung der Kapitalrelationen von Industrieunternehmen aus der Sicht der Banken vgl., auch Klein, W.: Die Bedeutung der besonderen Finanzstruktur der Banken für das industrielle Kreditgeschäft, in: ZfbF, 17. Jg. (1965), S. 104—121, hier S. 105.

sich, daß Bilanzrelationen bei der Entscheidung über die Kreditvergabe bei gewerbsmäßigen Financiers nie allein den Ausschlag geben. Zur gegenteiligen Ansicht, die man häufig antrifft, führt offenbar die Beobachtung, daß Banken in Kreditfähigkeitsprüfungen routinemäßig Bilanzrelationen feststellen. Sie sind indessen nur Glieder in einer Kette von Indizien über die Bonität eines potentiellen Schuldners. Welche Bedeutung ihnen im einzelnen Fall zukommt, hängt wesentlich vom Informationsniveau des kreditsuchenden Unternehmens über seine eigene gegenwärtige und zukünftige Lage und von dem Informationsgefälle zwischen Kreditnachfrager und Financier ab. Es ist daher nicht sinnvoll, dem Vorschlag von Meyhak zu folgen und in einem unternehmerischen Entscheidungsmodell pauschal eine bindende Mindestrelation für die Struktur der Passivseite der Bilanz einzubauen[11].

b) Regeln der Fristenentsprechung

Neben den Kapitalstrukturregeln werden Regeln der Fristenentsprechung von Bindungsdauer des Vermögens der Unternehmung und Überlassungsdauer der Finanzierungsmittel als Voraussetzung für die Erlangung von Krediten angeführt[12]. Die ursprünglich für Banken formulierte Verhaltensregel („Goldene Bankregel") geht auf Hübner zurück[13]. Die Bodensatzregel wandelt die „Goldene Bankregel" insofern ab, als die fordert, daß formal kurzfristige Positionen der Aktiv- und Passivseite der Bilanz, die aber erfahrungsgemäß durch Revolvierung oder Prolongation teilweise langfristigen Charakter haben, in Höhe ihres Bodensatzes wie langfristige Positionen zu behandeln sind. Der Bodensatz ist dabei der Anteil der Position, der im Durchschnitt auf Dauer im Unternehmen verbleibt. Weder die Form der strengen Fristenentsprechung noch die modifizierte Form der Bodensatzregel können die an sie gerichtete Forderung erfüllen: die Zahlungsfähigkeit des Schuldners können beide nicht garantieren[14]. Das Verhalten gemäß den Regeln der Fristenentsprechung enthält genau genommen nicht nur die Annahme der Kongruenz, sondern auch eine Annahme über den Geldanschluß. Wenn die zweite Annahme nicht gemacht wird, dann führt ein Verhalten gemäß den Regeln der Fristenentsprechung

---

11 Meyhak, H.: a.a.O., S. 348—349 und S. 465.

12 Jacob baut in sein Modell als finanzielle Nebenbedingung ein, daß das Anlagevermögen nicht mit kurzfristigen Krediten finanziert werden kann, vgl. Jacob, H.: Neuere Entwicklungen in der Investitionsrechnung, in: ZfB, 34. Jg. (1964), S. 487—507 und S. 551—594, hier S. 564; vgl. auch Buhl, A.: Die Sicherung des finanziellen Gleichgewichts als Aufgabe der Investitionsplanung, Diss. Hamburg 1969, S. 93—94.

13 Hübner, O.: Die Banken, Leipzig 1854, S. 29.

14 Zur Kritik vgl. auch Albach, H.: Finanzplanung im Unternehmen, in: MI, 1962, S. 67—77, hier S. 70—71, und Bauer, K.-P.: a.a.O., S. 85 ff.

zur Austrocknung des Unternehmens. Mit jedem Zahlungstermin schrumpft die Bilanz des Unternehmens sukzessiv, das Befolgen der horizontalen Bilanzstrukturregel führt somit in absehbarer Zeit zum Ende der Unternehmung. Soll diese Konsequenz vermieden werden, müssen Annahmen über die Anschlußfinanzierung gemacht werden. Setzt man aber die Prämisse, daß zu jedem Zahlungstermin wieder Finanzierungsmittel in der erforderlichen Menge aufgenommen werden können, um den Fortbestand des Unternehmens zu gewährleisten, ist die Liquidität bereits durch diese Annahme gesichert, das Einhalten der Fristenentsprechung somit überflüssig. Man sieht also, daß es offenbar nur auf den Geldanschluß ankommt.

Absurderweise könnte ein Financier ein Handeln entsprechend den Regeln der Fristenentsprechung als „solides unternehmerisches Verhalten" ansehen. Nur in diesem Fall wird ein Unternehmen dieser Tatsache in seiner Planung Rechnung tragen müssen.

c) Mindestrelation von Cash Flow zu Gesamtverschuldung

Meyhak führt in seinem deterministischen Planungsmodell eine Mindestrelation für den Quotienten aus Cash Flow und Gesamtverschuldung auf. Er orientiert sich dabei an einer Auflage des Bundesaufsichtsamts für das Versicherungs- und Bausparwesen, die vor einiger Zeit für die Anerkennung der Deckungsstockfähigkeit von Anleiheemissionen bei Unternehmen der chemischen Industrie konzipiert wurde[15]. Die Auflage verlangt unter anderem, daß die in der Bilanz ausgewiesene Gesamtverschuldung das 3,5-fache des durchschnittlichen Cash Flow der letzten drei Geschäftsjahre nicht überschreitet. Die Gesamtverschuldung wird definiert als

Bilanzsumme ·/· Grundkapital
·/· Rücklagen
·/· Wertberichtigungen zum Umlaufvermögen
·/· Kundenanzahlungen
·/· Kasse, Bank- und Postscheckguthaben
·/· Wechsel und Schecks.

---

[15] Meyhak verwendet also ohne weiteres eine behördliche Vorschrift als eine vom Standpunkt des Unternehmers selbst erforderliche Restriktion. Zum Unterschied zwischen behördlichen Vorschriften, die das Entscheidungsfeld eines Wirtschaftssubjekts beschränken, und Restriktionen, die der Unternehmenspolitik entstammen, vgl. Krümmel, H.-J.: Liquiditätssicherung ..., a.a.O., S. 249.

Der Cash Flow setzt sich zusammen aus

Bilanzgewinn (ohne Bilanzvortrag)
± Rücklagenzuweisung bzw. -auflösung
\+ Abschreibungen auf Anlagen
\+ Wertberichtigungen des Umlaufvermögens
·/· Verluste aus Anlageabgängen
\+ Gewinne aus Anlageabgängen[16].

Ob Cash Flow und Gesamtverschuldung hier sinnvoll definiert sind, kann dahingestellt werden. Eines ist sicher: der Grundgedanke des Cash-Flow-Verschuldungsgrades, Gläubiger seien desto eher gesichert je größer die „Bruttowertschöpfung“ der schuldnerischen Unternehmung sei — längerfristig folge also die Bonität der Ertragskraft —, macht diese Kennzahl eher als die traditionellen Strukturkennzahlen als Kreditfähigkeitsindiz geeignet. Sieht man im Cash Flow ein extrapolierbares Maß für die zukünftige Bonität, dann kann man auf den Gedanken kommen, ihn in der Kreditfähigkeitsprüfung mehr als bisher zu verwenden[17].

Daß die Einhaltung einer Cash-Flow-Mindestrelation die Existenz eines Unternehmens sichere, kann man indessen mit den gleichen Argumenten bestreiten, die wir für andere Mindestrelationen anführten[18].

d) *Maximalbelastungsregel*

Die von Stützel für Geschäftsbanken entwickelte Maximalbelastungsregel fordert, daß das hypothetische Liquidationsdisagio des Vermögens in jedem Zeitpunkt vom Eigenkapital gedeckt wird[19]. Anders formuliert müssen die hypothetischen Erlöse aus dem Verkauf des nicht liquiden Vermögens zusammen mit den liquiden Mitteln zu jeder Zeit ausreichen, alle Schulden abzudecken. Stützel hat diese Maximalbelastungsregel nicht etwa auf Grund von Beobachtungen über das Kreditvergabeverhalten der Refinanciers dieser Banken entwickelt, sondern auf Grund von Überlegungen darüber, was eine Bankaufsichtsbehörde

---

16 Meyhak, H.: a.a.O., S. 345—347.

17 Dafür gibt es in der Praxis der Kreditinstitute zunehmend Anzeichen.

18 Gegen den Cash Flow als finanzielle Orientierungs- oder Steuergröße ist jüngst geltend gemacht worden, er enthalte nicht alle ergebnisrelevanten Zahlungsströme, vgl. Neubert, H.: Der „Totale Cash Flow“ entschleiert die Bilanzpolitik, in: MM, Nr. 2, Februar 1972, S. 70—73.

19 Stützel, W.: Ist die „Goldene Bankregel“ eine geeignete Richtschnur für die Geschäftspolitik der Kreditinstitute?, in: Vorträge für Sparkassenprüfer, Kiel 1959, S. 34—51.

von den Banken zur Sicherung der Liquidität fordern sollte, damit auf keinen Fall ein run auf die Schalter aller Banken und damit der Zusammenbruch des Bankensystems eintreten kann[20].

Läßt man diesen speziellen Aspekt beiseite, so ergeben sich gegen die Anwendung der Maximalbelastungsregel als ein Kriterium zur Sicherung des Geldanschlusses für alle Arten von Unternehmungen grundsätzliche Bedenken: die Maximalbelastungsregel geht davon aus, daß der Abruf sämtlicher Verbindlichkeiten erfolgen kann und daß das Prinzip der Vertragstreue auch diesen Fall noch einschließt. Diese Regel führt bei ihrer Anwendung wahrscheinlich bei jedem Unternehmenstyp zu einer Vermögensstruktur, mit der nicht mehr rentabel gearbeitet werden kann. Auf diese Weise sichert sie zwar kurzfristig die Zahlungsfähigkeit der Unternehmung in höchstem Maße, längerfristig hingegen verengt sich der Liquiditätsspielraum auf zweierlei Weise: der Abfluß der Zahlungsmittel aus dem laufenden Geschäft (bei geringer Rentabilität) kumuliert sich; und auch in indirekter Weise führt die ungünstige Vermögensstruktur zur Illiquidität, weil die Gläubiger bei einer schlecht rentierenden Unternehmung den Austrocknungsprozeß antizipieren, schon bevor er bedrohlich wird.

Diese Überlegung führt im Extremfall sogar dazu, daß auch auf kürzere Frist die Maximalbelastungsregel die Zahlungsfähigkeit des Unternehmens eher gefährdet als sichert.

Zusammenfassend gilt somit für alle diskutierten Mindestrelationen: die Einhaltung von Finanzierungsregeln ist kein hinreichendes Indiz für die Kreditfähigkeit eines Unternehmens. Ihre Beachtung sichert nicht die Existenz des Unternehmens und garantiert damit auch nicht die ordentliche Bedienung des Kredits. Auch die bisher vorliegenden empirischen Untersuchungen stützen diese Aussage. Schacht kommt nach einer kritischen Analyse des Teils der amerikanischen Literatur, der sich der Fragestellung widmet, ob historische Bilanzrelationen oder Kombinationen von Kennzahlen zur Prognose von Konkursen herangezogen werden können (empirische Untersuchungen dieser Art für deutsche Verhältnisse liegen nicht vor), zu dem Ergebnis, daß sich „Finanzierungsregeln wegen der Normierung ihrer numerischen Werte ... nicht zur Prognose der finanziellen Unternehmenserfolge eignen“[21].

---

[20] Ein wichtiger, in der Kritik an Stützel stets übersehener Aspekt ist, daß er lediglich hypothetische Liquidation unterstellt, und darüber hinaus, daß Bankgläubiger den auf hypothetischen Liquidationswerten basierenden obrigkeitlich erzwungenen Status als hinreichendes Bonitätsindiz akzeptieren; das ist — wie Krümmel bemerkt hat — aber keineswegs sicher, vgl. Krümmel, H.-J.: Liquiditätssicherung ..., a.a.O., S. 279.

[21] Schacht, K.: Die Bedeutung der Finanzierungsregeln für unternehmerische Entscheidungen, Wiesbaden 1971, S. 104.

Die Ergebnisse der Dissertation von Altman[22], der eine Kennzahlenkombination verwendet, in der die traditionellen Finanzierungsregeln nicht vorkommen, verstärken nach Schacht „... die Zweifel an der empirischen Gültigkeit von Finanzierungsregeln“[23].

Für das planende Unternehmen ist es jedoch unbedeutend, ob die Einhaltung bestimmter Mindestrelationen vernünftigerweise von den Kreditgebern gefordert werden sollte; denn „Wie immer auch die herrschenden Vorstellungen potentieller Kreditgeber aussehen mögen — grob oder differenzierend, fehlerhaft oder sachgerecht — sie bestimmen, ob der Inhaber einer Position Fremdkapital attrahiert oder nicht, sie sind Bestimmungsgründe für das individuelle Kreditangebot jedes einzelnen potentiellen Kreditgebers und damit auch für den Kreditspielraum insgesamt“[24]. Somit kommt es in unserem Zusammenhang auf folgendes an: machen die Banken oder andere gewerbsmäßige Financiers gegenüber dem Unternehmen, dessen langfristige Planung in Rede steht, die Kreditzusage vom Nachweis der Einhaltung einer bestimmten Bilanzstruktur abhängig, dann bekommen solche Bedingungen den Charakter von echten Beschränkungen des Kreditpotentials. Für diese Kreditaktivität ist dann eine entsprechende Modellbedingung bei der Aufstellung eines Entscheidungsbaums für die langfristige Unternehmenstätigkeit zu formulieren. Dabei ist sicherzustellen, daß die Restriktion nur für diese Kredite bindend ist. Der häufig zu findende pauschale Ansatz einer Mindestrelation in Planungsmodellen für die gesamte Fremdfinanzierung bedeutet eine unzulässige Einschränkung der Aktionsmöglichkeiten des Unternehmens und führt zu nicht optimalen Entscheidungen.

Die Einhaltung von Mindestrelationen wird meist zu zusätzlichen Kosten führen, die neben Zinsen und Gebühren den Krediten angelastet werden müssen. Falls sich die Planung des Unternehmens in einem linearen Programmierungsmodell einfangen läßt, können die Dualvariablen wichtige Aufschlüsse über die quantitativen Auswirkungen der Einhaltung von Bilanzstrukturregeln geben.

3. Einfluß auf zukünftig erlangbare Kreditarten

Zukünftig erlangbare Kreditarten sind Finanzierungsmöglichkeiten, die an den Entscheidungsknoten $e \in E - (\{x_1\} \cup M_n)$ zur Verfügung stehen. Bei der Bestimmung dieser Kreditarten ist von Bedeutung, ob

[22] Altman, E. I.: The Prediction of Corporate Bankruptcy: A Discriminant Analysis, in: JoF, Vol. XXIII (1968), S. 193—194, und Altman, E. I.: Financial Ratios, Discriminant Analysis and the Prediction of Corporate Bankruptcy, in: JoF, Vol. XXIII (1968), S. 589—609.

[23] Schacht, K.: a.a.O., S. 104.

[24] Krümmel, H.-J.: Finanzierungsrisiken ..., a.a.O., S. 144.

die einzelnen Zugangsbeschränkungen im Ablauf der Planungsperiode konstant bleiben oder ob Änderungen im Verhalten der Gläubiger oder in den gesetzlichen Bestimmungen angenommen werden müssen.

Bei der Erfassung der Kredite, die durch relative Zugangsbeschränkungen der geschilderten Art gekennzeichnet sind, ist es bedeutsam, die jeweilige Entwicklung der Unternehmung zu berücksichtigen. Je nach der Entwicklung des Gewinns (und damit der Eigenkapitalbildung) können die Bedingungen der Kapitalstrukturregel oder der Cash-Flow-Gesamtverschuldung-Mindestrelation erfüllt sein oder nicht.

Mit der flexiblen Planung ist eine problemgerechte Darstellung dieser Gegebenheiten möglich. Denn an den zukünftigen Entscheidungszeitpunkten kann in Abhängigkeit von den bisher realisierten Umweltsituationen und den bisher durchgeführten Aktionen der Unternehmung ermittelt werden, ob Mindestrelationen eingehalten werden oder nicht und damit ob bestimmte Kredite zur Verfügung stehen.

II. Existenzsicherung als Bedingung für die Kreditaufnahme

1. Probleme der Existenzsicherung in einer Umrißplanung bei Unsicherheit

Stützel definiert die Liquidität eines Unternehmens als die Fähigkeit, in einer bestimmten Periode „alle eingegangenen Zahlungsverpflichtungen vertragsgerecht zu erfüllen“[25, 26]. Falls die zukünftigen Ein- und Auszahlungen mit Sicherheit erwartet werden, ist die Liquidität der Unternehmung gewahrt, wenn an jedem Zahlungstermin (das ist in der Regel jeder Arbeitstag des Jahres) folgende Bedingung eingehalten wird:

$$\sum_i e_{ti} + B_t \geqq \sum_j a_{tj}$$

e_{ti} = i-te Einzahlung am Zahlungstermin t
B_t = Zahlungsmittelbestand in t
a_{tj} = j-te Auszahlung am Zahlungstermin t

Liegt Sicherheit über die erwarteten Zahlungen vor, ist die Liquidität stets gesichert, wenn die obige Bedingung beachtet wird und die Planung fehlerlos arbeitet.

---

25 Stützel, W.: Liquidität, in: HdSW, Bd. 6, Tübingen 1959, S. 622—629, hier S. 624—625.

26 Ausführliche Überlegungen zum Begriff der Liquidität findet man bei Krümmel, H. J.: Liquiditätssicherung ..., a.a.O., S. 250 f.; vgl. auch Witte, E.: Die Liquiditätspolitik der Unternehmung, Tübingen 1963, S. 12—16.

Jedes Entscheidungsmodell, das die langfristige Unternehmensstrategie festlegen will, ist mit der Schwierigkeit konfrontiert, daß über lange Fristen hinweg eine hinreichend genaue Datierung von Zahlungen nicht möglich ist. Zudem muß die Unternehmung wegen der hohen Planungskosten, die bei kontinuierlicher Entscheidung (genau genommen bei Entscheidung an jedem Zahlungstermin) anfallen würden, ihre Dispositionen an relativ weit auseinanderliegenden Entscheidungszeitpunkten treffen. Die Planungsperiode wird daher in einzelne Entscheidungszeitpunkte aufgeteilt und alle Ein- und Auszahlungen, die an Zahlungsterminen im zeitlichen Intervall zwischen zwei Entscheidungszeitpunkten erwartet werden, werden hypothetisch auf einen der begrenzenden Entscheidungszeitpunkte datiert.

Die Liquiditätssicherung der Unternehmung, wir wollen besser sagen: die Existenzsicherung der Unternehmung, kann daher in einer Umrißplanung nur eine globale Berücksichtigung finden. Nur für die Entscheidungszeitpunkte wird die Einhaltung der obigen Liquiditätsbedingung explizit gefordert. Tatsächlich erwarten die Gläubiger aber nicht die Zahlungen an den Entscheidungszeitpunkten, sondern am jeweiligen Fälligkeitstermin. Die Erfüllung der Liquiditätsbedingung an den Entscheidungszeitpunkten kann die Aufrechterhaltung der Zahlungsfähigkeit der Unternehmung an jedem Zahlungstermin jedoch nur unter ganz bestimmten Voraussetzungen garantieren: werden Ein- und Auszahlungen eines Intervalls auf *einen* begrenzenden Entscheidungszeitpunkt datiert, dann ist die Liquidität in dem betreffenden Zeitraum gesichert, wenn die Zahlungsein- und Zahlungsausgänge gleichmäßig anfallen.

Seien t_n und t_{n+1} zwei aufeinanderfolgende Entscheidungszeitpunkte, dann kann die Liquidität im dazwischenliegenden Intervall dadurch gewahrt werden, daß hypothetisch alle Auszahlungen auf t_n und alle Einzahlungen auf t_{n+1} datiert werden. Durch dieses Vorgehen wird sichergestellt, daß im Plansystem für den Zeitpunkt t_n ein Reservoir an finanziellen Mitteln aufgespeichert wird, das ausreicht, alle Auszahlungen des Intervalls $[t_n, t_{n+1}]$ zu bedienen. Diesem Vorgehen liegt eine äußerst pessimistische Einschätzung der Zahlungsverläufe zugrunde: man unterstellt, die Zahlungsausgänge häuften sich hinter den Entscheidungszeitpunkten, während die Einzahlungen vor den Entscheidungszeitpunkten kumulativ anfielen. Die Anwendung einer so extrem pessimistischen Methode ist nicht angebracht, denn in der Regel werden die Ein- und Auszahlungen zwischen den Entscheidungszeitpunkten gleichmäßiger verteilt sein, wenn auch bestimmte Kumulationen und Divergenzen zwischen Zu- und Abströmen von Zahlungsmitteln auftreten. Zur Überbrückung solcher „Unregelmäßigkeiten“ im Zahlungsanfall zwischen zwei Entscheidungszeitpunkten könnte eine Liquiditätsreserve in Ansatz gebracht werden[27].

Der Umrißcharakter der langfristigen Planung erklärt auch die in praxi bei allen Arten von Unternehmen gehaltenen Liquiditätsreserven; denn würde man die Entscheidungen kontinuierlich treffen, brauchte man keine Reserven. Unsere Schwierigkeit besteht darin, daß dieser Bestand an Transaktionskasse aus dem Modell heraus nicht rational bestimmbar ist. Die Liquiditätsreserve ist daher extern zu ermitteln und dem Planungsmodell als Datum vorzugeben. Die Höhe der Liquiditätsreserve kann nach den bisherigen Erfahrungen des Unternehmens festgelegt werden (und z. B. als Bruchteil der im betreffenden Intervall anfallenden Auszahlungen quantifiziert werden), es ist aber auch denkbar, daß die Liquiditätsreserve in einer Planungsvorstufe im Rahmen einer Partialoptimierung festgelegt wird.

Wir wollen festhalten, daß wegen der Unsicherheit des zukünftigen Geschehens und der relativ weiten zeitlichen Abstände zwischen den Dispositionszeitpunkten in langfristigen Modellen die Zahlungsfähigkeit einer Unternehmung nicht garantiert werden kann. Die Möglichkeit — und sei ihre Wahrscheinlichkeit noch so gering —, daß fällige Zahlungen nicht beglichen werden können, ist nie ganz auszuschließen. Der Nachweis einer ausreichenden Existenzsicherung im überschaubaren Planungszeitraum ist aber unabdingbar, wenn die Unternehmung gezwungen ist, neben eigenen Mitteln Kredite bei gewerbsmäßigen Financiers aufzunehmen.

2. Die bisher vorgeschlagenen Modellbedingungen zur Existenzsicherung

Durch einen Kunstgriff kann man sich der Schwierigkeiten entledigen, die die Existenzsicherung bei Unsicherheit mit sich bringt: man kann die strenge Nebenbedingung der starren, deterministischen Modelle in einem flexiblen Planungsmodell für jeden möglichen Zustand der Umwelt formulieren[28]. Laux fordert zum Beispiel in seinem Grundmodell der flexiblen Investitionsplanung: „Es ist so zu planen, daß in jedem Zeitpunkt ... das finanzielle Gleichgewicht mit Sicherheit gewahrt bleibt[29].“ Folgt eine Unternehmung, die sich über empirisch zu beobachtende Kreditmärkte finanzieren muß, dem von Laux vorgeschlagenen Planungskonzept, werden sich kaum noch Aktionsmöglichkeiten finden lassen, die sein System von Liquiditätsnebenbedingungen nicht ver-

---

[27] Zur Bedeutung von Liquiditätsreserven in Entscheidungsmodellen vgl. auch Charnes, A., Cooper, W. W. und Miller, M. H.: Application of Linear Programming to Financial Budgeting and the Costing of Funds, in: Solomon, E. (Hrsg.): The Management of Corporate Capital, Chicago 1959, S. 229—255, hier S. 234.

[28] So z. B. Laux, H.: Flexible Investitionsplanung, a.a.O., S. 46; Laux, H.: Flexible Planung ..., a.a.O., S. 739, und Jochum, H.: a.a.O., S. 108—109.

[29] Laux, H.: Flexible Investitionsplanung, a.a.O., S. 46.

letzen. Da Laux jedoch zusätzlich annimmt, daß „... der Unternehmer sich in jedem Zustand ... unbegrenzt zum Marktzins ... verschulden kann“[30] — und das bedeutet ja nichts anderes als die Prämisse eines vollkommenen Kapitalmarkts[31] —, ist das Problem der Unternehmensfinanzierung aber bereits aus dem Planungskonzept eliminiert. Die Liquiditätsbedingungen, Laux nennt sie Finanzrestriktionen, leisten daher lediglich die technische Abstimmung der Ein- und Auszahlungen[32].

Laux führt einige Erweiterungen seines Grundmodells auf. Wir wollen auf diejenigen Modelle eingehen, die den finanziellen Bereich stärker berücksichtigen sollen und drei Varianten des Grundmodells diskutieren:

(1) In der ersten Erweiterung[33] ersetzt Laux die Prämisse des vollkommenen Kapitalmarkts durch die Annahme, das Unternehmen könne zu einem festen Zinssatz in jedem Zeitpunkt bis zu fest vorgegebenen Aktivitätsobergrenzen Kredit aufnehmen. Da Laux diese Annahme selbst als „sehr irreal“ bezeichnet, muß hierauf nicht näher eingegangen werden. Durch eine weitere Annahme, die als „Übernahme eines Insolvenzrisikos“ bezeichnet wird, werden auch Strategien zugelassen, die bei *einem* Umweltzustand ein Zahlungsmitteldefizit aufweisen; für alle übrigen Umweltzustände ist das finanzielle Gleichgewicht mit Sicherheit zu wahren; tritt ein Defizit auf, verliert das Unternehmen seinen ganzen Produktionsapparat. Diese Annahme ist auf zweierlei Weise zu kritisieren:

— Eine Formulierung von Finanzierungsbedingungen nach diesem Vorschlag berücksichtigt nicht die in der Praxis zahlreichen Möglichkeiten zur Überbrückung bzw. Beseitigung eines vorübergehenden Zahlungsdefizits durch gezielte Aktivitäten der Unternehmung.

— Die Annahme, daß alle Strategien zulässig sind, wenn sie nur bei *einem* Umweltzustand zu einem Defizit führen, ist entscheidungstheoretisch nicht zu begründen. Man könnte ebensogut jede beliebige andere Zahl von Umweltzuständen herausgreifen. Der Existenzsicherung der Unternehmung ist durch diese Prämisse nicht ausreichend Rechnung getragen. Nach der Modellkonzeption von Laux ist nicht auszuschließen, daß eine Strategie zugelassen wird, die bei einem mit hoher Wahrscheinlichkeit erwarteten Umweltzustand zum Konkurs führt.

---

30 Laux, H.: Flexible Investitionsplanung, a.a.O., S. 48.
31 Vgl. hierzu S. 23 ff.
32 Vgl. hierzu die Gleichung auf S. 60.
33 Laux, H.: Flexible Investitionsplanung, a.a.O., S. 86—89.

Dieses Planungskonzept kann keiner Unternehmung empfohlen werden, die Wert darauf legt, einen bestimmten Standard der Existenzsicherung im Planungszeitraum zu wahren.

(2) In einer anderen Modellvariante[34] wird von der Annahme ausgegangen, daß Unternehmer und Gläubiger unterschiedliche Erwartungsstrukturen über die zukünftige Entwicklung der Welt haben. Laux schlägt vor, für jeden Zustand der Welt — sei er nun vom Unternehmer oder vom Gläubiger in den Bereich des Möglichen gezogen — sei das finanzielle Gleichgewicht mit Sicherheit zu wahren. Hier ist die Kritik zu wiederholen, die bereits gegen das Grundmodell von Laux vorgebracht wurde. Setzt man realistische Annahmen über das Finanzierungspotential der Unternehmung, ist die Menge der zulässigen rentablen Strategien mit hoher Wahrscheinlichkeit leer.

(3) In einer weiteren Variante[35] des Grundmodells wird angenommen, das Unternehmen wähle seine Strategien nach den unter (1) dargestellten Prämissen aus. Die Nutzenfunktionen aller Gläubiger seien bekannt. Laux versucht zu zeigen „... wie eine optimale Investitionsstrategie bestimmt werden kann, wenn die Möglichkeit besteht, die Gläubiger am Geschäftsrisiko zu beteiligen“[36]. Ohne auf die Einzelheiten der Darstellung einzugehen, kann gesagt werden, daß

- die Nutzenfunktionen aller Gläubiger der Unternehmung in aller Regel nicht bekannt sein werden,
- kein gewerbsmäßiger Financier ein Engagement bei einer Unternehmung übernimmt, deren Planungsmethode so unzulängliche Maßnahmen der Existenzsicherung vorsieht.

Auch Jochum fordert in seiner „Finanzierungsbedingung“, daß das finanzielle Gleichgewicht in jeder Situation mit Sicherheit gewahrt werden soll[37]. Er legt zudem ein Modell vor, das auf der Annahme beruht, die Unternehmung könne während des Planungszeitraums keine Kredite aufnehmen[38]. Diese Annahme steht im Widerspruch zur wirtschaftlichen Wirklichkeit. Der Modellansatz von Jochum impliziert, daß jedes Zahlungsdefizit — betrage es nun 1 DM oder 1 Million DM — mit einem unendlichen negativen Nutzen bewertet wird. Den negativen Nutzen eines Zahlungsdefizits kann man als Illiquiditätskosten bezeichnen. Diese extrem pessimistische Behandlung des Problems der Existenzsicherung der Unternehmung im Ablauf der Planungsperiode

---

[34] Laux, H.: Flexible Investitionsplanung, a.a.O., S. 102—106.
[35] Laux, H.: Flexible Investitionsplanung, a.a.O., S. 106—110.
[36] Laux, H.: Flexible Investitionsplanung, a.a.O., S. 106.
[37] Jochum, H.: a.a.O., S. 108—109.
[38] Jochum, H.: a.a.O., S. 102.

entspricht der Methode der „fat formulation" bei der stochastischen linearen Programmierung[39]. Auch dort wird die Menge der zulässigen Aktivitäten auf diejenigen beschränkt, die auch bei ungünstigster Konstellation der Daten die Restriktionen nicht verletzen.

Dieser oben beschriebene formale Weg, der es erlaubt, bei Unsicherheit der Zahlungen die Zahlungsbereitschaft der Unternehmung zu garantieren, ist bisher nur für die Fälle formuliert worden, in denen diskrete Wahrscheinlichkeitsverteilungen für die Zahlungen vorliegen. Bei kontinuierlicher Verteilung der Zahlungen ist die Zahlungsfähigkeit der Unternehmung nur zu garantieren, wenn die kleinste in einem Entscheidungszeitpunkt für möglich erachtete Einzahlungssumme zusammen mit dem Bestand an Zahlungsmitteln höher liegt, als die größte für möglich gehaltene Auszahlungssumme. Nimmt man an, daß die Zahlungen normal verteilt sind, kann die Zahlungsfähigkeit der Unternehmung nicht garantiert werden.

Jacob formuliert in seinem stochastischen Planungsmodell strenge Finanzierungsnebenbedingungen, in die der Erwartungswert der unsicheren Größen (das sind die Bruttoperiodengewinne) eingesetzt wird[40]. Für diese Nebenbedingungen wird der stochastische Ansatz in eine quasi-sichere Form zurückgeführt. Das Modell ist auf eine sehr optimistische Unternehmensführung zugeschnitten, denn diese Unternehmensführung läßt sich darauf ein, daß das Unternehmen bereits dann in Zahlungsschwierigkeiten gerät, wenn die Bruttogewinne den Erwartungswert nicht erreichen. Es bleibt offen, wie dieser Situation begegnet werden soll.

Neben den extrem risikoaversen und den optimistischen Methoden zur Behandlung der Existenzsicherung bei Unsicherheit, werden im folgenden zwei Möglichkeiten aufgezeigt, die es erlauben, für die Zahlungsbereitschaft der Unternehmung entsprechend der jeweiligen Risikoneigung der Unternehmensleitung Vorsorge zu treffen.

3. Existenzsicherung bei Planung mit Entscheidungsbäumen

a) Illiquiditätskosten und Ausgleichsaktivitäten

In Planungsmodellen wird im allgemeinen unterstellt, daß das Unternehmen als Schuldner absolut vertragstreu handelt und die vereinbarten Zahlungen ohne Rücksicht auf eventuelle Folgen leistet. Dispositions-

---

[39] Mandansky, A.: Linear Programming under Uncertainty, in: Graves, R. L. und Wolfe, P. (Hrsg.): Recent Advances in Mathematical Programming, New York 1963, S. 103—110, hier S. 104; Mandansky, A.: Methods of Solution of Linear Programs under Uncertainty, in: OR, Bd. 10 (1962), S. 463—571, hier S. 467.

[40] Jacob, H.: Flexibilitätsüberlegungen ..., a.a.O., S. 13.

möglichkeiten des Schuldners werden dabei vernachlässigt. Tatsächlich führt aber die Verletzung der Vereinbarungen durch den Schuldner — etwa durch verspätete Zinsleistungen — meist noch nicht zum Konkurs, auch wenn sie nachteilige Auswirkungen für das Unternehmen haben können. So sehen die von Banken abgeschlossenen Kreditverträge in der Regel vor, daß bei Verletzungen der festgelegten Konditionen durch den Kreditnehmer der Kredit sofort fällig wird. Eine solche Klausel wirkt natürlich gegenüber Wünschen des Schuldners, Zahlungszeitpunkte nach eigenem Ermessen zu verschieben, prohibitiv. Unregelmäßigkeiten im Zahlungsgebaren eines Schuldners haben zudem einen negativen Einfluß auf die Kreditwürdigkeit. Die Konsequenz kann sein, daß in Zukunft keine Kredite mehr gewährt werden oder daß die potentiellen Gläubiger von dem als unzuverlässiger Schuldner bekannten Unternehmen härtere Konditionen fordern. Darüberhinaus sind negative Auswirkungen einer „freien Schuldnermoral" auf das Image der Unternehmung zu befürchten und Einbußen in der Geschäftstätigkeit möglich. Man kann daher mit gewisser Berechtigung unterstellen, daß ein Unternehmen in seiner Planung eine zeitpunktgenaue Einhaltung seiner Zahlunsverpflichtungen aus Kreditverhältnissen anstrebt: die Quantifizierung der Folgen ist in der Regel schwierig, und die Unternehmen befürchten, die negativen Konsequenzen einer Verschiebung von Zahlungen wirkten sich stärker aus als die positiven Effekte.

Wenn aber Informationen vorliegen, die eine Quantifizierung erlauben, muß ein sinnvolles Entscheidungsmodell die Dispositionsabhängigkeit berücksichtigen können.

Wir werden diesen Aspekt der unternehmerischen Planung in unserem Modell zusammen mit dem Problem der Zahlungsengpässe und der Formulierung von Ausgleichsaktivitäten behandeln. Die oben angesprochenen negativen Folgen von Zahlungsaufschüben lassen sich dann unter den Begriff der Illiquiditätskosten einreihen. Dieser Begriff deckt ein Konglomerat von verschiedenartigen negativen Auswirkungen monetärer und nichtmonetärer Art, die dadurch entstehen, daß die in einem Entscheidungszeitpunkt planmäßig verfügbaren Zahlungsmittel nicht ausreichen, die an ein Unternehmen herangetragenen Zahlungsverpflichtungen zu erfüllen. Illiquiditätskosten können sich aus Opportunitätskosten und aus tatsächlich anfallenden Kosten zusammensetzen.

Die Höhe der Illiquiditätskosten hängt ab von der Höhe des Zahlungsdefizits, von der Person des Gläubigers und der Art des Kredits (z. B. Lieferantenkredit, Bankkredit oder Kredit eines Mitinhabers des Unternehmens); von der Anzahl und der Höhe bereits früher aufgetretener Zahlungsdefizite; von der Zeitspanne, in der es gelingt, das Defizit endgültig zu begleichen; vom Zeitpunkt, in dem das Zahlungsdefizit auftritt; von den Möglichkeiten des Unternehmens, Zahlungsdefizite zu überbrücken oder zu beseitigen. Man kann annehmen, daß die negativen Auswirkungen eines Zahlungsdefizits mit zunehmender Höhe des Defizits überproportional anwachsen. Der Nutzenentgang der aus schlechteren Beschaffungsmöglichkeiten, aus Einschränkungen des Kreditspielraums und aus einer allgemeinen Imageschädigung hervorgeht, wird progressiv mit der Höhe des Zahlungsdefizits ansteigen. Durch Wiederholungen werden die negativen Effekte von Zahlungsdefiziten verstärkt.

Die Art des Kredits und die Person des Gläubigers haben einen entscheidenden Einfluß auf die Höhe der entstehenden Illiquiditätskosten. Wird das Zahlungsdefizit dadurch überbrückt, daß ein fälliger Lieferantenkredit überzogen wird, so werden meist keine negativen Folgen für das Unternehmen eintreten, wenn langfristige Geschäftsbeziehungen vorliegen und die Überziehung zum ersten Mal vorkommt[41]. Wegen der speziellen Berechnungsart der Kreditkosten beim Lieferantenkredit kann es sich im Einzelfall sogar ergeben, daß der Nutzen des Unternehmens steigt, wenn es einen Lieferantenkredit überzieht, statt bei Fälligkeit zu zahlen. Werden dagegen fällige Bankzinsen längerfristig nicht beglichen, kann das Ergebnis sein, daß der gesamte Kredit fristlos gekündigt wird und in Zukunft kein Kredit mehr vergeben wird. Offenbar ist bei Festlegung der Illiquiditätskosten von Bedeutung, wie lange es dauert, ein Zahlungsdefizit endgültig zu beseitigen. Bleiben wir beim Beispiel des Lieferantenkredits, so wird eine Überziehung um wenige Tage meist vom Gläubiger gar nicht bemerkt werden, bei einem Aufschub einer fälligen Zahlung um ein halbes Jahr werden sich selbst bei einem geduldigen Gläubiger negative Rückwirkungen nicht vermeiden lassen. Die Illiquiditätskosten bestimmen sich natürlich nach den möglichen Ausgleichsaktivitäten, die dem Unternehmen zur Beseitigung des Defizits offenstehen; insofern sind sie abhängig vom Zeitpunkt ihres Auftretens.

Der Ausgleich eines Zahlungsdefizits kann entweder durch den Aufschub fälliger Auszahlungen[42] oder durch Veranlassung von Einzahlungen in entsprechender Höhe vorgenommen werden[43]. Zur ersten Kategorie dieser Ausgleichsaktivitäten gehören: die zeitliche Überziehung

---

[41] Timmermann sieht in der Möglichkeit, den Lieferantenkredit zu überziehen, einen wesentlichen Erklärungsgrund für die Bedeutung dieser Finanzierungsart, vgl. Timmermann, V.: a.a.O., S. 14.

[42] Praktische Beispiele für diese Art des Zahlungsausgleichs finden sich bereits bei Honoré de Balzac in einer Abhandlung, deren vollständiger Titel lautet: Die Kunst seine Schulden zu zahlen und seine Gläubiger zu befriedigen, ohne auch nur einen Sou selbst aus der Tasche zu nehmen, Wiederabdruck München 1966.

[43] Witte zählt einen ganzen Katalog von Maßnahmen zur Beseitigung von Liquiditätsengpässen auf, vgl. Witte, E.: a.a.O., S. 41—69, er klammert aber bewußt Finanzierungsmaßnahmen zur Beseitigung von „Liquiditätskrisen“ aus; gerade diese interessieren uns aber.

eines Lieferantenkredits, der Aufschub von Steuerzahlungen, die Vereinbarung eines Zahlungsmoratoriums mit Gläubigerbanken und die Verschiebung von geplanten Entnahmen. Zur zweiten Art von Ausgleichsaktivitäten zählen: die Inanspruchnahme von Überziehungskrediten bei Banken, das Factoring, also Abtreten von eigenen Forderungen mit einem bestimmten Abschlag an einen Factor, und der Verkauf von Halbfertigerzeugnissen oder Rohstoffen.

Die Auswirkungen einer Ausgleichsaktivität können gleichzeitig mit der Durchführung der Aktivität anfallen, z. B. beim Factoring in Form eines Abschlags vom Buchwert der Forderungen; sie können auch später im Ablauf der Planungsperiode auftreten, als Überziehungsprovision bei Bankkrediten oder als Mahn- und Gerichtskosten bei Steuerschulden. Ein beachtlicher Teil der Auswirkungen wird seinen Niederschlag nicht direkt in monetärer Form finden; hierhin gehören negative Effekte von Ausgleichsaktivitäten, die sich erst nach Ablauf der Planungsperiode bemerkbar machen oder die in solchen Unternehmensbereichen auftreten, die im Modell nicht explizit aufgeführt werden.

Diese Konsequenzen von Ausgleichsaktivitäten sind als negativer Nutzen in die Zielfunktion einzusetzen.

Sind alle auf Grund des gegebenen Informationsniveaus möglichen Ausgleichsaktivitäten im Entscheidungsbaum angesetzt, dann stellen sich die Illiquiditätskosten dar als

- die in der Zielfunktion berücksichtigten Nutzenentgänge und als
- die direkten Konsequenzen von Ausgleichsaktivitäten im Entscheidungsbaum (die nur der gesamten Teilstrategie[44] zurechenbar sind).

b) *Existenzsicherung bei bekannten Illiquiditätskosten*

Entscheidend für das planende Unternehmen ist die Frage, ob es gelingt, die Illiquiditätskosten mit hinreichender Genauigkeit zu quantifizieren. Ist es möglich, alle negativen Effekte, die durch Aktivitäten zur Beseitigung von Zahlungsdefiziten entstehen, direkt im Entscheidungsbaum festzuhalten und in Nutzengrößen zu transformieren, dann kann die Existenzsicherung der Unternehmung im Planungszeitraum unter der Bedingung der Unsicherheit eines Teils der Plandaten im Modell der flexiblen Planung als ein Rentabilitätsproblem dargestellt werden. Ausgleichsaktivitäten können an allen Entscheidungsknoten ergriffen werden. Der Vektor der jeweils möglichen Ausgleichsaktivitäten kann

---

[44] Zum Begriff der (Unternehmens-)Strategie vgl. S. 47; unter einer Teilstrategie verstehen wir eine Unternehmensstrategie, die nicht für den ganzen Entscheidungsbaum, sondern nur für den auf einen Entscheidungsknoten $e \in M_i$ mit $i \in U$ folgenden Teilbaum gilt.

an den verschiedenen Entscheidungsknoten unterschiedliche Aktivitäten enthalten. Wir nehmen an, das Unternehmen wolle bei vorgegebenem Entnahmestrom den Erwartungsnutzen des Endvermögens maximieren[45]. Die Konsequenzen einer Ausgleichsaktivität treten in den Nebenbedingungen und in der Zielfunktion des Modells auf. Allerdings haben auch die direkten Wirkungen in den Nebenbedingungen — durch die Abgrenzung des zulässigen Lösungsbereichs — einen indirekten Einfluß auf die Zielfunktion. Durch Nebenbedingungen ist sicherzustellen, daß

— das Ergreifen einer oder mehrerer Ausgleichsaktivitäten zu einem Zahlungszustrom oder zum Aufschub von Zahlungen in Höhe des eingetretenen Zahlungsdefizits führt,
— an allen folgenden Entscheidungsknoten eventuell anfallende Auszahlungen bis zur Höhe des Defizits sowie eventuelle darüber hinausgehende Auszahlungen angesetzt werden,
— an allen folgenden Entscheidungszeitpunkten eventuell hervorgerufene Änderungen der Konditionen anderer Aktivitäten vorgenommen werden; z. B. dann, wenn das Ergreifen einer Ausgleichsaktivität zu schlechteren Kreditkonditionen führt.

In der Zielfunktion ist der Teil der Illiquiditätskosten einzusetzen, der nicht direkt im Entscheidungsbaum berücksichtigt ist, aber doch für das Unternehmen einen Nutzenentgang bedeutet. Das sind die angesprochenen negativen Effekte in Unternehmensbereichen, die nicht explizit durch Aktionsvariablen im Modell erfaßt sind, und langfristige Nachteile, die sich erst nach Ablauf der Planungsperiode bemerkbar machen. Hierzu gehören langfristig auftretende Absatzschwierigkeiten durch Imageverlust, das Ausweichen auf Lieferanten mit schlechterer Warenqualität und die langfristige Einengung des Finanzierungspotentials.

Illiquiditätskosten können in der Form der „slack formulation“[46] mit Hilfe der stochastischen Programmierung in einem mehrstufigen linearen Planungsmodell berücksichtigt werden. Aus der Linearität des Modells folgt, daß nur Illiquiditätskosten, die proportional dem eventuellen Zahlungsdefizit sind, erfaßt werden können. Die stochastische Programmierung, die eine Behandlung der Unsicherheit (genauer: des Risikos) in mathematischen Programmierungsmodellen zum Ziel hat, ist jedoch „... noch nicht wesentlich über das Grundlagenstudium in einigen verschiedenen Richtungen hinausgekommen ...“[47]. Im folgenden sei das Grundmodell für die Erfassung von Illiquiditätskosten kurz behandelt[48].

---

[45] Vgl. zu dieser Zielfunktion S. 47.

[46] Mandansky, A.: Linear Programming under Uncertainty, a.a.O., S. 105 bis 106; Schweim, J.: a.a.O., S. 160—168.

In einem deterministischen linearen Programm laute die Zielfunktion

$$c'x = \max! \tag{1}$$

unter den Nebenbedingungen

$$Ax \leq b \tag{2}$$

$$x \leq 0 \tag{3}$$

Die Finanzierungsnebenbedingungen stellen einen Teil des Gleichungssystems (2) dar. Nimmt man nun an, die Zielbeiträge der Aktivitäten seien zufallsabhängig, dann ist die Maximierung des Erwartungswerts eine sinnvolle Zielsetzung unter der Voraussetzung, daß eine lineare Approximation der Nutzenfunktion der Unternehmung im relevanten Bereich möglich ist.

$$E\,(c'x) = \max! \tag{1a}$$

Die Elemente des Begrenzungsvektors *(b)* und der Koeffizientenmatrix *(A)*, die in den Finanzierungsbedingungen auftreten, seien nun ebenfalls stochastischer Natur. Es gebe aber Ausgleichsaktivitäten y, die Verletzungen von (2) in einer zweiten Stufe egalisieren. Die Ausgleichsaktivitäten verursachen Illiquiditätskosten. Da das Auftreten eines Zahlungsdefizits (d. h. einer Verletzung von (2)) zufallsabhängig ist, sind auch die Illiquiditätskosten zufallsabhängig. Für die zweite Stufe ist das Minimum der Illiquiditätskosten zu bestimmen unter der Bedingung, daß die Ausgleichsaktivitäten die Zahlungsdefizite abdecken.

$$k'y = \min! \tag{4}$$

$$b_1 - A_1x = By \tag{2a}$$

$$A_2x \leq b_2 \tag{2b}$$

$$x \geq 0, \; y \geq 0 \tag{3a}$$

k' = Vektor der Illiquiditätskosten
B = Matrix der Ausgleichszahlungen
y = Vektor der Ausgleichsaktivitäten

---

47 Kall, P.: Produktionsoptimierung mit Hilfe der stochastischen Programmierung, in: Ind. Org., 36. Jg. (1967), S. 427—432, hier S. 432; vgl. auch den Aufsatz von Kall, P.: Der gegenwärtige Stand der stochastischen Programmierung, in: UfO, 1968, S. 81—95.

48 Vgl. zum folgenden auch Wets, R.: Programming under Uncertainty: The Complete Problem, in: Zeitschrift für Wahrscheinlichkeitstheorie und verwandte Gebiete, Bd. 4 (1966), S. 316—339; Kall, P.: Qualitative Aussagen zu einigen Problemen der stochastischen Programmierung, in: Zeitschrift für Wahrscheinlichkeitstheorie und verwandte Gebiete, Bd. 6 (1966), S. 246—272.

Das Gleichungssystem (2b) erfaßt die Nebenbedingungen, die nicht Liquiditätsbedingungen sind. Das gesamte Problem besteht dann darin, den Erwartungswert der Zielbeiträge abzüglich der Illiquiditätskosten zu maximieren unter den angegebenen Bedingungen.

(1b) $$E\,[c'x - (\min k'y \,/\, b_1 - A_1x = By,\ y \geq 0)] = \max!$$

(2b) $$A_2x \leq b_2$$

(3) $$x \geq 0$$

Bisher wurde die „slack formulation" nur für stochastische Elemente im Begrenzungsvektor untersucht, nicht aber für zufallsabhängige Elemente der Koeffizientenmatrix[49]. In den Finanzierungsnebenbedingungen stochastischer Planungsmodelle müssen aber auch Elemente der Koeffizientenmatrix als zufallsabhängig angesehen werden. Die Lösung des Liquiditätsproblems mit Hilfe von Illiquiditätskosten ist demnach mit der grundsätzlichen Schwierigkeit der Quantifizierung der Illiquiditätskosten, den bisher sehr beschränkten Lösungsmöglichkeiten solcher Modelle sowie der Bedingung des proportionalen Kostenverlaufs konfrontiert.

c) Existenzsicherung bei unbekannten Illiquiditätskosten

Falls die negativen Folgen eines Zahlungsdefizits nicht quantifiziert werden können, bleibt die Möglichkeit, für die Existenzsicherung Sorge zu tragen, indem die Vorzüge des chance-constrained-programming[50] in das flexible Planungsmodell integriert werden.

Die für starre Planungskonzepte entwickelte Methode des chance-constrained-programming impliziert, daß Aktivitäten als zulässig behandelt werden, auch wenn das Auftreten von Zahlungsdefiziten nur mit einer bestimmten Wahrscheinlichkeit (z. B. 95 %) ausgeschlossen ist. Beträgt die Wahrscheinlichkeitsschranke für die Einhaltung der stochastischen Nebenbedingungen 100 %, geht das chance-constrained-Modell in die „fat formulation" über. Bei der Anwendung der chance-constrained-Methode weiß man nicht genau, ob bei Durchführung der gewählten Aktivitäten ein Zahlungsdefizit auftreten wird, man kennt auch die Folgen eines Defizits nicht genau, man weiß aber, daß nicht in jedem Fall gleich der Konkurs eintreten wird. Sicher ist nur, daß die Folgen negativ sind, auch wenn sie nicht immer quantifiziert werden können.

Ähnlich der Methode des chance-constrained-programming kann im flexiblen Planungsmodell die Zahlungsbereitschaft der Unternehmung

---

49 So Mandansky, A.: Linear Programming under Uncertainty, a.a.O., S. 106.

50 Vgl. hierzu S. 32.

auf einem bestimmten Wahrscheinlichkeitsniveau abgesichert werden, wenn es nicht gelingt, die Illiquiditätskosten zu quantifizieren und Ausgleichsaktivitäten zu bestimmen. Man kann Strategien zulassen, die mit bestimmter Wahrscheinlichkeit an einem oder mehreren Entscheidungsknoten zu Zahlungsmitteldefiziten führen. An diesen Knoten bricht der Entscheidungbaum ab, es handelt sich um „tote Knoten".

Die Definition der möglichen Kantenzüge („Spielabläufe") p[51] soll beibehalten werden, wenn tote Knoten auftreten. Die Knotenmengen M_i mit $i > 3$ werden zu diesem Zweck mit leeren Knoten aufgefüllt, so daß Kantenzüge, die mit einem toten Knoten enden, über leere Knoten bis zur Knotenstufe n ergänzt werden können (vgl. Abb. 5.).

Abbildung 5: Beispiel für einen Entscheidungsbaum mit toten und leeren Knoten

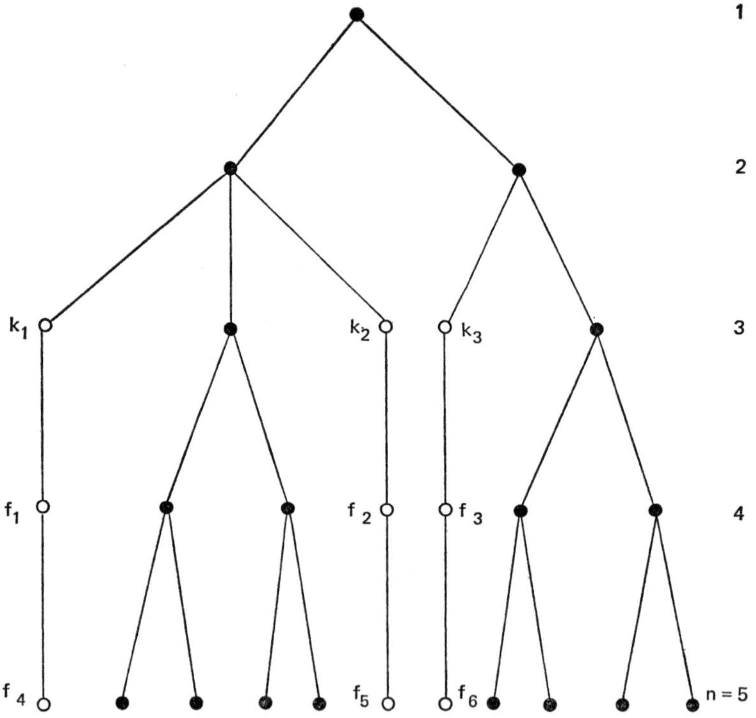

k_i = tote Knoten (ein Zahlungsdefizit tritt auf)
f_i = leere Knoten (an einem vorausgehenden Knoten trat ein Zahlungsdefizit auf

[51] Vgl. S. 42.

Die Unternehmung legt eine bestimmte Maximalwahrscheinlichkeit $\hat{p}$ für das Auftreten toter Knoten fest, diese entspricht dem von der Unternehmung für unabdingbar gehaltenen Standard der Existenzsicherung (vgl. Abb. 6).

Es bleibt festzuhalten, daß das Problem der Existenzsicherung der Unternehmung auch bei unsicherer Zukunft formal durch strenge Liquiditätsbedingungen an jedem Entscheidungsknoten eines flexiblen Plans gelöst werden kann; die Menge der zulässigen Strategien wird dann aber in der Regel leer sein. Die extreme Risikoaversion, die diesem Vorgehen zugrunde liegt, führt dazu, daß keine Aktivitäten den Sicherheitsanforderungen der Unternehmensführung genügen.

Dagegen bieten die modifizierte chance-constrained-Methode und der Ansatz von Illiquiditätskosten die Möglichkeit, in Abhängigkeit vom Informationsniveau und von der jeweiligen Risikoneigung der Unternehmung Vorsorge für die Existenzerhaltung der Unternehmung im Ablauf der Planungsperiode zu treffen.

Abbildung 6: Beispiel für eine Strategie mit toten Knoten

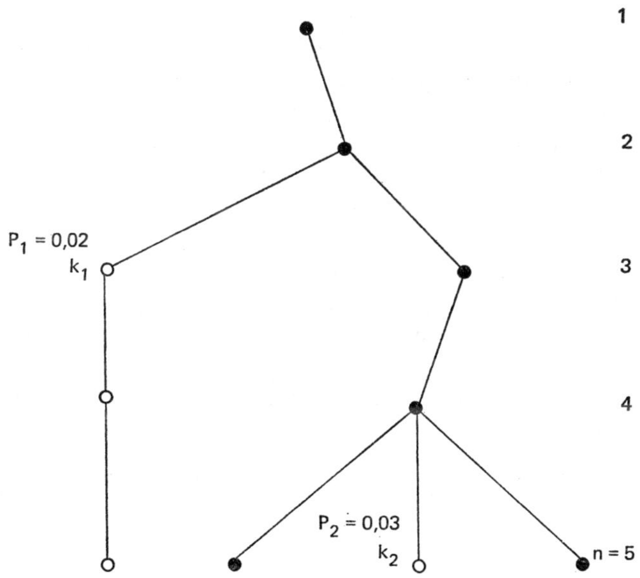

k_i = tote Knoten
p_i = Eintrittswahrscheinlichkeit des toten Knotens i
$\hat{p}$ = 0,06

Die oben dargestellte Strategie ist zulässig, da
$p = \Sigma\, p_i = 0{,}05$ und $p < \hat{p}$

III. Bestimmung des erlangbaren Kredits in Abhängigkeit vom Verhaltensmuster der Financiers

Im flexiblen Planungsmodell ist für jeden Entscheidungsknoten das Kreditpotential der Unternehmung zu bestimmen. Der jeweils erlangbare Kredit hängt einerseits von der historischen Abfolge von Aktionen und Umweltrealisationen ab und andererseits vom Nachweis der Existenzsicherung während der geplanten Kreditdauer gegenüber den Financiers. Für den Nachweis der Existenzsicherung ist es wichtig zu wissen, welche Beurteilungskriterien die Financiers anlegen und über welches Informationsniveau sie verfügen.

An Hand eines Flußdiagramms (vgl. Abb. 7) sollen die möglichen Konstellationen des Kreditangebots aufgezeigt werden und daran anschließend die Konsequenzen für die Ermittlung des Kreditpotentials diskutiert werden.

Zunächst ist zu fragen, ob die Financiers die vom kreditsuchenden Unternehmen angewandte Planungsmethode akzeptieren (2) oder nicht (1).

Akzeptieren die Gläubiger die Planungsmethode nicht, weil sie die Existenz des Unternehmens im relevanten Zeitraum nicht oder nicht ausreichend sichert, vergeben sie keinen Kredit.

Findet die Planungsmethode die Zustimmung der potentiellen Gläubiger, muß untersucht werden, ob die Erwartungsstrukturen von Unternehmen und Kreditgebern übereinstimmen. Kommen die potentiellen Kreditgeber zu einer anderen Einschätzung der relevanten Daten, so ist die Ursache in einem Informationsgefälle zwischen Unternehmen und Financiers zu finden. Wir wollen davon ausgehen, daß das kreditsuchende Unternehmen den Financiers im eigenen Interesse die relevanten Informationen zur Verfügung stellt und daß keine Informationen bei der Übertragung verloren gehen.

Als nächstes ist zu prüfen, ob dem Planungsstab das Verhaltensmuster der Financiers bekannt ist (4) oder nicht (3). Können keine hinreichend genauen Aussagen über das Verhalten potentieller Kreditgeber getroffen werden, ist eine direkte Schätzung des Kreditpotentials nicht zu vermeiden[52].

Wenn das Verhaltensmuster der Financiers als bekannt vorausgesetzt werden kann, sind die beiden Fälle zu unterscheiden, daß nur ein Gläubiger für die Kreditfinanzierung in Frage kommt (z. B. die Hausbank) (5) und daß mehrere Gläubiger in Betracht kommen (6). Wenn nur ein Gläubiger bei der Aufstellung des flexiblen Plansystems berücksichtigt werden muß, beschränken sich die möglichen Reaktionen des Financiers auf Zustimmung oder Ablehnung des Kreditvertrags[53].

[52] Vgl. S. 75 ff.
[53] Vgl. S. 90 ff.

Kommen mehrere Gläubiger für eine Kreditbeziehung in Frage, ist zunächst festzustellen, ob sie ein gleiches Risikoverhalten zeigen (7) oder ob ihr Verhalten unterschiedlich ist (8). Beide Konstellationen des Kreditangebots werden auf ihren Einfluß auf die Bestimmung des Kreditpotentials der Unternehmung untersucht[54].

1. Direkte Schätzung des Kreditpotentials

Wenn dem planenden Unternehmen die Verhaltensmuster der in Frage kommenden Gläubiger nicht bekannt sind, muß das Kreditpotential der Unternehmung für jeden Entscheidungsknoten geschätzt werden[55]. Nur wenn die Kreditmöglichkeiten für die Entscheidungsknoten geschätzt werden müssen, ist es sinnvoll, von *Kreditobergrenzen* zu sprechen. Dies wird in den nächsten Kapiteln noch deutlicher werden.

Die möglichen Ergebnisse der Schätzungen für einen Knoten sind dem folgenden Diagramm zu entnehmen (vgl. Abb. 8).

Das Ergebnis kann einwertig sein, in diesem Fall wollen wir von starren Kreditobergrenzen sprechen (1), und es kann mehrwertig sein, die Kreditobergrenze ist dann eine Zufallsvariable (2). Zur Schätzung der Kreditobergrenzen können die bisherigen Erfahrungen der Unternehmung herangezogen werden. Je weiter das geplante Datum der Kreditaufnahme in die Zukunft verschoben ist, um so schwieriger wird die Prognose, und um so unwahrscheinlicher wird es, daß man zu einwertigen Schätzergebnissen kommt. Falls dennoch einwertige Ergebnisse vorliegen, ist zu unterscheiden, ob vermutlich eine Kreditart aufgenommen werden kann (3) oder ob mehrere Kreditarten nach Plan verfügbar sind (4). Im Fall (3) hat die entsprechende Restriktion die Form

$$x \leq a$$

x = Aktivitätsniveau des Kredits

Die Kreditobergrenze ist hier gleich a.

Im Fall (4) ergibt sich das Restriktionensystem

$$\begin{aligned} x_1 &\leq a_1 \\ x_2 &\leq a_2 \\ &\vdots \\ x_n &\leq a_n \end{aligned}$$

$\{x_1, \ldots, x_n\}$ = Vektor der Aktivitätsniveaus der Kreditarten 1 bis n

---

54 Vgl. S. 89 ff.

55 Zu den in Unternehmen angewandten Prognosemethoden vgl. Albach, H.: Die Prognose im Rahmen unternehmerischer Entscheidungen, in: Giersch, H. und Borchardt, K. (Hrsg.): Diagnose und Prognose als wirtschaftswissenschaftliche Methodenprobleme, Schriften des Vereins für Socialpolitik, NF Bd. 25, Berlin 1962, S. 201—214, hier S. 202—206.

Abbildung 7: Diagramm zur Analyse des Kreditpotentials in einem Entscheidungsknoten

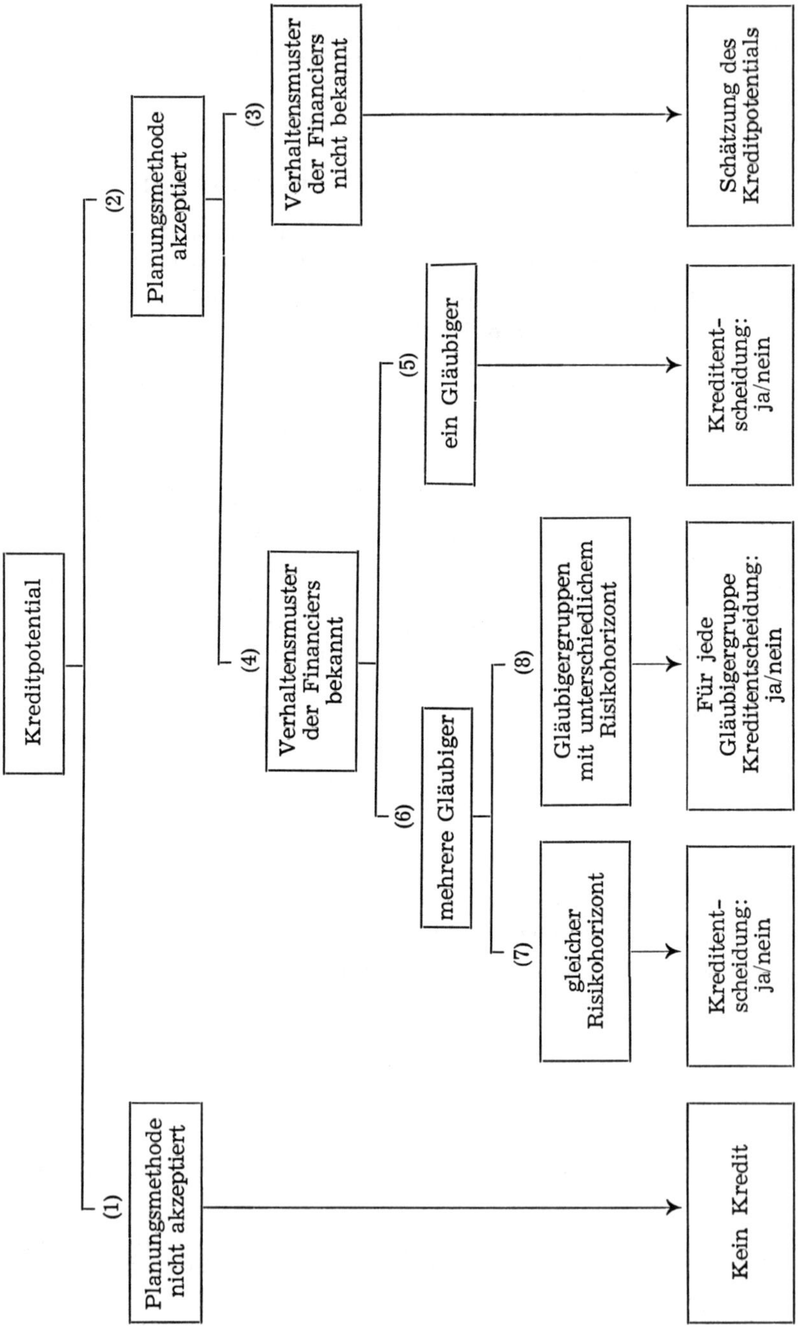

Abbildung 8: Diagramm der möglichen Ergebnisse einer Schätzung des Kreditpotentials

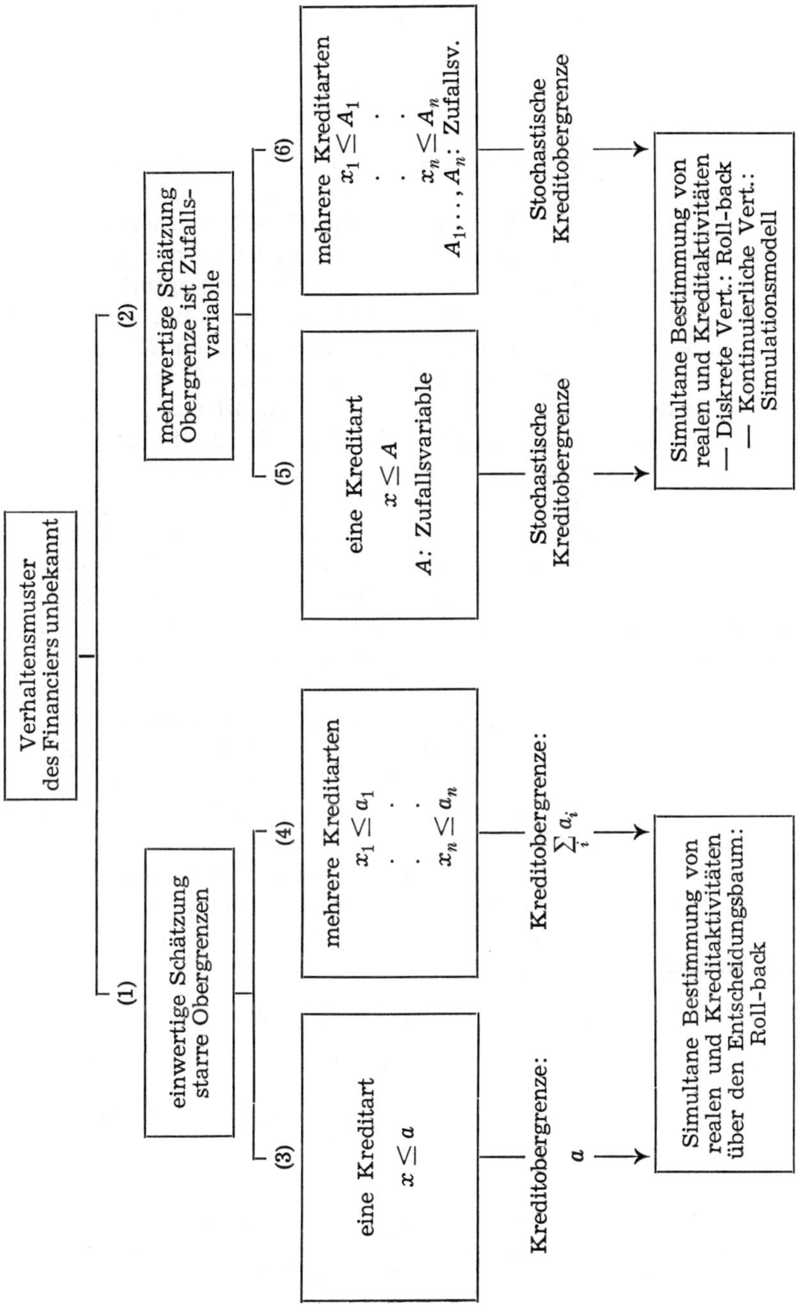

Falls keine weiteren Restriktionen bestehen, ist die Kreditobergrenze ermittelt, wenn man die individuellen Obergrenzen $a_1, a_2, \ldots, a_n$ aufsummiert

$$\sum_i a_i = \text{Kreditobergrenze}$$

Die vorliegenden Modelle, die das Problem der langfristigen Planung der Unternehmung mit Hilfe der mathematischen Programmierung zu lösen versuchen, können — soweit die Kreditfinanzierung der Unternehmung überhaupt explizit berücksichtigt ist — hier eingereiht werden. Für jede Finanzierungsart wird in den angesprochenen Modellen eine Aktivitätsobergrenze festgelegt[56]. Das bedeutet, daß jede Finanzierungsaktivität bis zu einem fest vorgegebenen Maximalbetrag in Anspruch genommen werden kann. Eine Begründung für diese Behandlung des Verschuldungsspielraums fehlt oft ganz, oder sie ist sehr allgemein gehalten. So begründet Meyhak die Limitierung der Kapitalaufnahme damit, daß den „... verschiedenen Arten der Finanzierung ... intern und extern Grenzen gesetzt" seien[57]. Voraussetzung für die Lösbarkeit mathematischer Programmierungsmodelle ist es, daß die Aktionsvariablen — sei es implizit oder explizit — in ihrer Höhe begrenzt sind. Man könnte daher vermuten, die Beschränkung der Kreditaktivitäten erfolge nur aus modelltechnischen Gründen. Nur wenn die oben erwähnten, sehr speziellen Voraussetzungen erfüllt sind, ist dieses Vorgehen gerechtfertigt. Eine Arbeit, die sich vornehmlich mit der Bedeutung der Kreditfinanzierung in der langfristigen Planung beschäftigt, kann sich damit nicht begnügen. Liegen jedoch in einem speziellen Fall die Dinge so, daß starre Obergrenzen für alle relevanten Entscheidungszeitpunkte angenommen werden können, ist eine simultane Bestimmung der realen und der Kreditaktivitäten über den Entscheidungsbaum nach dem roll-back-Verfahren[58] möglich. Liegt das Ergebnis der Schätzung der Kreditobergrenzen in mehrwertiger Form vor, sind entsprechend den einwertigen Schätzergebnissen zwei Fälle zu unterscheiden:

— Eine Kreditart kann ergriffen werden (5)

$$x \leq A$$

A ist eine Zufallsvariable. Eine stochastische Kreditobergrenze liegt vor.

---

[56] Vgl. z. B. Bernhard, R. H.: Mathematical Programming Models for Capital Budgeting — A Survey, Generalization, and Critique, in: JoFQA, Juni 1969, S. 111—158, hier S. 119, und Weingartner, H. M.: a.a.O., S. 161 ff.

[57] Meyhak, H.: a.a.O., S. 464—465.

[58] Zum roll-back-Verfahren vgl. S. 48.

— Mehrere Kreditarten sind in Betracht zu ziehen (6)

$$\begin{aligned} x_1 &\leq A_1 \\ x_2 &\leq A_2 \\ &\vdots \\ x_n &\leq A_n \end{aligned}$$

$A_1, \ldots, A_n$ sind Zufallsvariablen. Auch in diesem Fall ist die Kreditobergrenze stochastischer Natur, sie kann bestimmt werden, wenn die verbundene Wahrscheinlichkeitsverteilung der Zufallsvariablen $A_1, \ldots, A_n$ vorliegt.

Stochastische Kreditobergrenzen können in einem Entscheidungsbaum zur simultanen Bestimmung von realen und Kreditaktivitäten herangezogen werden. Bleiben wir bei Fall (5)[59] und unterstellen wir der Einfachheit halber, alle übrigen Daten seien nicht stochastisch:

— Bei diskreten Wahrscheinlichkeitsverteilungen ist für jede mögliche Höhe der Kreditobergrenze ein Entscheidungsknoten in den Entscheidungsbaum aufzunehmen und mit der ermittelten Wahrscheinlichkeit zu gewichten. Das optimale Plansystem ist durch das roll-back-Verfahren aufzufinden.

— Bei kontinuierlichen Wahrscheinlichkeitsverteilungen läßt sich der Entscheidungsbaum nicht mehr in der dargelegten Art graphisch darstellen. Eine Lösung ist aber mit Hilfe der von Hespos und Strassmann vorgeschlagenen Simulationstechnik möglich[60].

2. Kreditfinanzierung bei bekanntem Verhaltensmuster der Financiers

Wir wollen nun untersuchen, wie das Kreditpotential der Unternehmung zu bestimmen ist, wenn das Verhaltensmuster der Gläubiger bekannt ist. Zunächst ist diese Annahme zu spezifizieren. Als erstes soll geprüft werden, ob das Modell von Hodgman[61] zur Erklärung des Verhaltensmusters von Financiers herangezogen werden kann.

a) Das Modell von Hodgman

Hodgman entwickelte das wohl am meisten diskutierte Erklärungsmodell über das Verhalten gewerbsmäßiger Financiers bei der Kreditvergabe[62]. Die Diskussion entzündete sich an der Beobachtung, daß

---

[59] Fall (6) ist prinzipiell so zu behandeln wie Fall (5).

[60] Zur Simulationstechnik vgl. S. 48.

[61] Hodgman, D. R.: Credit Risk and Credit Rationing, in: QJE, 74. Jg. (1960), S. 258—278.

[62] Vgl. den angeführten Aufsatz von Hodgman, D. R.: Credit Risk ..., a.a.O., und die sich daran anschließende Diskussion: Chase, S. B.: Credit Risk and Credit Rationing, Comment, in: QJE, 75. Jg. (1961), S. 319—327; Hodgman,

die für ein Unternehmen erreichbaren Kreditbeträge auch durch das Anbieten sehr hoher Zinssätze nicht übersprungen werden können. In der Literatur wird dieser Sachverhalt als Kapitalrationierung oder Kreditrationierung (credit rationing) bezeichnet[63].

Das Modell von Hodgman wird zunächst in seinen wichtigsten Annahmen und Ergebnissen kurz dargestellt[64]. Hodgmans Erklärungsversuch stützt sich auf ein Ein-Perioden-Modell (Zwei-Zeitpunkte-Modell). Zu Beginn der Periode hat der Financier die Möglichkeit, dem Schuldner verschieden große Beträge leihweise zu überlassen. Der Kreditnachfrager kann die Entscheidung des Gläubigers durch das Anbieten unterschiedlicher Zinssätze beeinflussen. Die Rückzahlung erfolgt am Ende der Periode. Die Verfügung des Schuldners über Zahlungsmittel am Rückzahlungstermin unterliegt stochastischen Einflüssen. Unter folgenden Annahmen versucht Hodgman, das Verhalten der Financiers zu erklären:

1. Die Gläubiger schätzen die Rückzahlungsfähigkeit der potentiellen Kreditnehmer. Das Ergebnis ist eine Funktion, die angibt, mit welcher Wahrscheinlichkeit der Schuldner in der Lage ist, höchstens einen bestimmten Geldbetrag zurückzuzahlen. Diese Rückzahlungsfunktion, wir wollen sie R nennen, sei unabhängig von der Höhe des gewährten Kredits und den vereinbarten Zinsen. Es gebe einen maximal möglichen Rückzahlungsbetrag m; größere Geldbeträge haben die Wahrscheinlichkeit Null[65]. Die Gläubiger gelangen zu einer pessimistischeren Einschätzung der Rückzahlungsfähigkeit als die Kreditnehmer selbst.

2. Die Gläubiger entscheiden über die Vergabe von Krediten nach einem Kriterium, das sich als Quotient der Rückzahlungserwartung (EY) und der Verlusterwartung (EZ) ergibt[66].

D. R.: Credit Risk and Credit Rationing, Reply, in: QJE, 75. Jg. (1961), S. 327 bis 329; Ryder, H. E.: Credit Risk and Credit Rationing, Comment, in: QJE, 76. Jg. (1962), S. 471—479; Miller, M. H.: Credit Risk and Credit Rationing, Further Comment, in: QJE, 76. Jg. (1962), S. 480—488; Hodgman, D. R.: Credit Risk and Credit Rationing, Reply, in: QJE, 76. Jg. (1962), S. 488—493.

[63] Zur Kreditrationierung vgl. die Ausführungen von Hart, A. G.: Anticipations ... a.a.O., S. 39 ff.; Hart, A. G.: Assets ..., a.a.O., S. 172; Lorie, J. H. und Savage, L. J.: Three Problems in Rationing Capital, in: Solomon, E. (Hrsg.): The Management of Corporate Capital, Toronto 1964, S. 56—66; Albach, H.: Investition und Liquidität, a.a.O., S. 39—40; Schneider, D.: a.a.O., S. 313 ff.; Freimer, M. und Gordon, M. J.: Why Bankers Ration Credit, in: QJE, 79. Jg. (1965), S. 397—416; Jaffee, D. M.: Credit Rationing and the Commercial Loan Market, New York 1971, S. 15— 99; zur Problematik der Kreditbegrenzung aus gesamtwirtschaftlicher Sicht vgl. Engels, W.: Rentabilität, Risiko und Reichtum, Tübingen 1969, S. 32 ff.

[64] Vgl. zum folgenden den oben zitierten Aufsatz von Hodgman aus dem Jahre 1960.

[65] Hodgman, D. R.: Credit Risk ..., a.a.O., S. 260—263.

[66] Hodgman, D. R.: Credit Risk ..., a.a.O., S. 273.

Ein Verlust tritt ein, wenn der effektive Rückzahlungsbetrag kleiner als die Kreditsumme ist. Das Kriterium wird auf die Daten jedes nachgefragten Kredits angewandt; seine Höhe ist abhängig von der geschätzten Rückzahlungsfunktion *R*, von der Kreditsumme und dem vereinbarten Rückzahlungsbetrag (Kreditsumme plus Zinsen).

Durch die Konkurrenzsituation auf dem Markt spiele sich eine gewisse Gleichgewichtsrate $(EY/EZ)^*$ ein. Kredite werden vom einzelnen Gläubiger dann nur vergeben, wenn bei einem Kreditnachfrager die Konstellation von Kreditsumme, Zinsangebot und Rückzahlungsverteilung mindestens den Wert $(EY/EZ)^*$ erreicht.

3. Die Gleichgewichtsrate, das Entscheidungskriterium der Gläubiger also, wird durch die Kreditpolitik der Notenbank beeinflußt. Durch eine restriktive Notenbankpolitik wird $(EY/EZ)^*$ nach oben verschoben, d. h. die Anforderungen der Gläubiger an Kreditnachfrager verschärfen sich. Eine expansive Notenbankpolitik ruft einen gegenteiligen Effekt hervor; die Gleichgewichtsrate sinkt, wenn die Kreditgeber über mehr ausleihfähige Mittel verfügen[67].

Da eine höhere Kreditsumme c. p. ein Sinken des Quotienten EY/EZ zur Folge hat und zunehmende Zinssätze c. p. zu einem Steigen von EY/EZ führen, kann bei Gültigkeit einer bestimmten Gleichgewichtsrate $(EY/EZ)^*$ ein höherer Kreditbetrag nur durch das Anbieten höherer Zinssätze erreicht werden. Der negative Einfluß der höheren Kreditsumme auf EY/EZ kann allerdings nur solange durch attraktive Zinsversprechen egalisiert werden, bis der vereinbarte Rückzahlungsbetrag gleich der maximal für möglich gehaltenen Rückzahlungssumme m ist. An dieser Stelle ist die absolute Grenze des Kreditzugangs in Hodgmans Modell erreicht. Sie ist determiniert durch

— die Rückzahlungsfunktion *R*
— das Entscheidungskriterium EY/EZ und
— die Kreditpolitik der Notenbank.

Obwohl es Hodgman somit erreicht, absolute Kreditschranken für ein hypothetisches Unternehmen abzuleiten, bleibt der Ansatz unbefriedigend. Er beruht überwiegend auf unplausiblen Annahmen:

— Die Rückzahlungsfunktion einer Unternehmung ist wesentlich beeinflußt von der Kredithöhe. Die erwarteten Rückzahlungsmöglichkeiten bleiben nur dann unverändert, wenn es sich um einen Konsumentenkredit oder um einen Kredit zur Finanzierung einer a priori unrentablen Investition handelt[68].

---

67 Hodgman, D. R.: Credit Risk ..., a.a.O., S. 275 ff.
68 Vgl. zur Kritik auch Chase, S. B.: a.a.O., S. 322.

Ein Einfluß unterschiedlicher Zinsvereinbarungen auf die Rückzahlungsfunktion kann nicht ohne weiteres ausgeschlossen werden, da eine Änderung der Zinssätze zu einer veränderten Strategienwahl der Unternehmung führen kann.

— Das Entscheidungskriterium der Gläubiger entspricht nicht dem beobachtbaren Gläubigerverhalten. Kreditrationierung tritt in Hodgmans Modell nur ein, wenn der Gläubiger der Überzeugung ist, das Rückzahlungsversprechen des Schuldners treibe diesen mit Sicherheit in den Konkurs. Diese Verhaltensweise entspricht nicht dem konservativen Geschäftsstil der Banken; „... bankers do not like to bankrupt borrowers“[69].

— Gläubiger und Schuldner müssen zu sehr unterschiedlichen Einschätzungen der zukünftigen Lage des Schuldners kommen, damit das Ergebnis Hodgmans zustandekommt. Unterschiede in der Beurteilung der Zukunft lassen sich durch den unterschiedlichen Informationsstand von Kreditgeber und Kreditnehmer erklären. Es scheint aber nicht die Regel zu sein, daß ein Kreditnehmer seine Geschäfte als aussichtsreich ansieht, während sein Financier einen sicheren Konkurs erwartet.

Der Ansatz Hodgmans hält somit der kritischen Analyse nicht stand, er ist nicht geeignet, Grundlage für die Bestimmung des Kreditpotentials der Unternehmung zu sein.

Wir wollen versuchen, ein eigenes Modell zu konstruieren, das dem beobachtbaren Gläubigerverhalten entspricht.

b) *Kreditvergabe nach Risikohorizonten*

Wir wollen zunächst annehmen, es komme nur ein Gläubiger in Betracht oder mehrere Gläubiger mit gleichem Verhaltensmuster seien in die Überlegungen einzubeziehen. An den gut organisierten, durch ausgezeichnete Kommunikation unter den Anbietern gekennzeichneten Kreditmärkten, an denen gewerbsmäßige Kreditgeber, wie Banken, Versicherungen und andere Vermögensfonds auftreten, kann von einer praktisch gleichen Risikoeinstellung innerhalb bestimmter Gruppen von Anbietern ausgegangen werden. Solche Gruppen sind auf dem deutschen Markt die Gruppe der kleinen Genossenschaftsbanken als untere Grenze der Bandbreite des Risikoverhaltens und die Gruppe potenter Privatbankiers an der oberen Grenze der Bandbreite. Für modellanalytische Untersuchungen kann (zunächst) ohne weiteres vom Mittelwert der Bandbreite ausgegangen werden. Zudem nehmen wir vorläufig an,

---

[69] Chase, S. B.: a.a.O., S. 326; vgl. auch die kritischen Bemerkungen von Jaffee zum Ansatz Hodgmans, Jaffee, D. M.: a.a.O., S. 25—26.

daß nur eine determinierte Kreditart angeboten wird. Wir unterstellen, der jeweilige Marktpreis der Kreditüberlassung sei bekannt oder könne geschätzt werden[70].

α) Einfluß ausleihfähiger Mittel

Wir wollen überlegen, welchen Einfluß ausleihfähige Mittel der in Betracht kommenden Financiers auf die Bestimmung des Kreditpotentials haben. Das Volumen an ausleihfähigen Mitteln bei allen potentiellen Gläubigern zusammen ist nur unter sehr strengen, empirisch nicht zu beobachtenden Bedingungen beschränkt. Alle potentiellen Gläubiger an entwickelten Kreditmärkten sind, wie man zulässig vereinfachend sagen kann, stets in der Lage, die Kreditfinanzierung von Unternehmen bekannter Größenordnungen zu bewerkstelligen.

Das Volumen an ausleihfähigen Mitteln bei einzelnen Gläubigern ist absolut beschränkt durch ihr Aufkommen an ausleihbaren Fonds. Die ausleihfähigen Mittel, die *ein* Gläubiger *einem* bestimmten Unternehmen maximal zur Verfügung stellen kann, werden dem Betrage nach durch die Relation zum Eigenkapital des Gläubigers, durch das Einzelkreditrisiko bei dem in Rede stehenden Schuldner sowie durch die anderen übernommenen Kreditrisiken bestimmt. Dieses Verhalten der Financiers ist zum einen durch die Vorschriften des Kreditwesengesetzes bedingt[71], zum anderen entspricht es der jeweiligen individuellen Gestaltung ihrer Planung. Dieser zweite Aspekt wird noch genauer untersucht. Eine restriktive Kreditpolitik der Notenbank wirkt auf den individuellen Ausleihbetrag offenbar nur in der Weise, daß der Gläubiger bei Auftreten mehrerer verzögerter oder ganz ausbleibender Kreditrückzahlungen schwieriger einen Refinancier findet als bei einem durch expansive Politik leichten Bankengeldmarkt.

β) Maßstäbe für das Kreditrisiko

Wesentliches Kriterium bei der Kreditvergabe sind die mutmaßlichen Kreditrisiken[72]. Diese bestehen darin, daß die Tilgungs- und Zinszahlungen nicht zur vereinbarten Zeit oder in vereinbarter Höhe geleistet werden. Wenn die Unternehmung ihre langfristige Planung mit Hilfe eines Entscheidungsbaums durchführt, kann ein sinnvoller Maßstab für das Kreditrisiko wie folgt konstruiert werden:

---

[70] Die Schwierigkeiten, die sich bei der Ermittlung der Preisbelastung eines Bankkredits ergeben, hat Krümmel ausführlich diskutiert, vgl. Krümmel, H.-J.: Bankzinsen, a.a.O., s. besonders S. 162—165.

[71] Zu den Restriktionen der Financiers, die sich aus den Bestimmungen des Gesetzes über das Kreditwesen vom 10. 7. 1961 (BGBl I, S. 881) ergeben, vgl. Krümmel, H.-J.: Liquiditätssicherung . . ., a.a.O., S. 260 f.

[72] Vgl. hierzu Krümmel, H.-J.: Finanzierungsrisiken . . ., a.a.O.

$$p = \sum_{j \in B} p_j$$

p = Maßstab des Kreditrisikos

B = Indexmenge der Knoten, die

(1) während der Kreditüberlassungsdauer eintreten können und an denen

(2) entweder ein Defizit auftritt (toter Knoten) oder an denen Ausgleichsaktivitäten geplant sind, die die Interessen der Financiers tangieren.

Die Interessen der Financiers werden z. B. dann durch eine Ausgleichsaktivität tangiert, wenn diese die Vereinbarung eines Moratoriums beinhaltet; sie werden aber nicht tangiert, wenn auf Entnahmen verzichtet wird, um ein Defizit abzudecken.

p_e = Eintrittswahrscheinlichkeit des Entscheidungsknotens e im betrachteten Teilbaum

$[0, 1]$ = Wertebereich von p

$p = 0$ = minimales Kreditrisiko

$p = 1$ = maximales Kreditrisiko

Man muß im Auge behalten, daß das Kreditrisiko jeweils für *eine* Teilstrategie oder *eine* Strategie gemessen wird, die als Teilbaum des Entscheidungsbaums darstellbar ist.

Es ist bewußt ein „grobes Maß“ für das Kreditrisiko gewählt worden. Es erscheint nicht als sinnvoll, die Eintrittswahrscheinlichkeit der in Betracht kommenden Knoten mit der Höhe des entsprechenden Defizits zu gewichten (und das Maß eventuell durch Division mit der Summe aus Kreditbetrag und Kreditpreis zu normieren). Das würde nur zu einer Scheingenauigkeit führen. In diesem Falle müßte auch die Frage nach dem erzielbaren Erlös für das Vermögen der Unternehmung in der betreffenden Situation beantwortet werden. Da man nicht annehmen kann, daß dieses Problem hinreichend genau zu lösen ist, wollen wir den oben definierten Maßstab verwenden.

An dieser Stelle wird der Einfluß eines unterschiedlichen Informationsniveaus auf das Kreditrisiko deutlich: Gelingt es der Unternehmung, zusätzliche Informationen zu gewinnen, die es erlauben, Ausgleichsaktivitäten für Situationen zu formulieren, die bisher tote Knoten waren, dann kann das Kreditrisiko verkleinert werden, wenn die Ausgleichsaktivitäten die Financiers nicht tangieren.

γ) Risikohorizont der Financiers

Die Financiers vergeben nur Kredite, wenn das Maß des Kreditrisikos einen bestimmten Wert $\bar{p}$ nicht überschreitet. Den kritischen

Wert $\bar{p}$, zu dem gerade noch ein Engagement übernommen wird, wollen wir Risikohorizont[73] nennen.

Der Risikohorizont ist ein Element aus dem Intervall [0, 1], er gilt für einen Financier oder für ein durchschnittliches Gläubigerverhalten.

Man kann dieses Verhalten der Financiers folgendermaßen erklären: Auf ihre Erfahrung gestützt sind sie der Meinung, nur bis zu einer bestimmten Schuldnerbonität Kredite vergeben zu können, da nur bis zu diesem bestimmten Einzelkreditrisiko die „Versicherung im eigenen Hause" gelingt[74].

Die Annahme, das planende Unternehmen könne von einem gegebenen Marktpreis für die Kreditüberlassung ausgehen, ist durch das Verhalten der Financiers gerechtfertigt. Die Financiers glauben, aus guten Gründen mit festen Kreditpreisen verhandeln zu müssen. Sie versuchen, den Kreditpreis zu einer „Naturkonstanten" zu machen, da sie darin die beste Verhandlungstaktik sehen. Eine genaue Kalkulation der Preisuntergrenze ist schwierig, wenn nicht unmöglich, daher meinen sie, so das Ziel der Maximierung der individuellen Deckungsbeiträge am besten verfolgen zu können. In den Zinssätzen sind die Risikoentgelte nicht objektiv isolierbar, daraus folgt die Einstellung: der Zins bleibt gleich bis zu dem Kredit, dessen Risiko das Maß $\bar{p}$ hat. In diesem Fall ist

$$z : [0, 1] \rightarrow \mathbf{R}^{+} \cup \{\infty\}$$
$$z = \text{const} < \infty \quad \text{für } p \leq \bar{p}$$
$$z = \infty \quad \text{sonst}$$

z = Marktpreis des Kredits

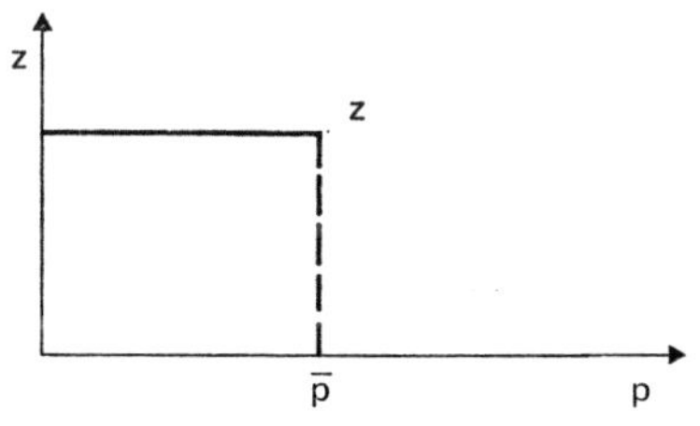

Wie Krümmel nach eingehenden Studien des Bankverhaltens festgestellt hat, trifft diese Strategie die überwiegende Mehrzahl der Bankkunden. Krümmel bezeichnet dieses Verhalten von Financiers als sortimentsstrategisch[75].

---

73 Zum Begriff des Risikohorizonts vgl. auch Krümmel, H.-J.: Finanzierungsrisiken . . ., a.a.O., S. 145 ff.
74 Krümmel, H.-J.: Bankzinsen, a.a.O., S. 175.
75 Krümmel, H.-J.: Bankzinsen, a.a.O., S. 121 f.

Nur einer kleinen Gruppe von potenten Kunden, die über eine starke Verhandlungsmachtposition gegenüber dem Financier verfügen — da dieser auf die langfristige Geschäftsbeziehung mit diesen Kunden Wert legt —, gelingt es, Preisnachlässe bei Kreditverhandlungen durchzusetzen. Krümmel spricht in diesem Fall von bündeltaktischem Verhalten der Financiers[76]. Wir verwenden hier ein vereinfachendes Konzept der Bündeltaktik. Wir untersuchen nicht die Gesamtleistungsabnahme eines Unternehmens bei einem Financier, sondern beschränken uns auf die Kreditbeziehungen. Bei „echter" Bündeltaktik kann kein strenger Zusammenhang zwischen den Eigenschaften des gewährten Kredits und bestimmten bündeltaktischen Teilpreisen — wie dem Zins — hergestellt werden. Eine Erklärung für das Auftreten von „Minderkonditionen" ist: sie sind Rabattsätze für Kunden, die den Fixkostenblock der Kreditabteilung weniger belasten. Wir wollen vereinfachend annehmen, die Minderkonditionen bestimmten sich nach Kreditgrößenklassen, vom Einfluß des Umfangs der Gesamtleistungsabnahme wollen wir abstrahieren.

In diesem Falle gilt bei vorgegebener Kreditsumme K_f

$$z_{K_f} : \quad [0, 1] \rightarrow \mathbf{R}^+ \cup \{\infty\}$$

$$z_{K_f} = \text{const} < \infty \quad \text{für} \quad p \leq \bar{p}$$

$$z_{K_f} = \infty \qquad \text{sonst}$$

K_f = feste Kreditsumme

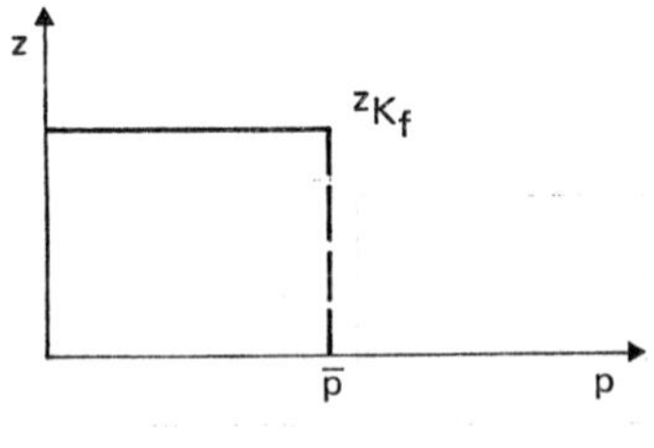

Die Abhängigkeit des Zinses vom Kreditbetrag stellt sich bei konstantem $\bar{p}$ als monoton fallende Treppenfunktion dar, das heißt

$$z^{\bar{p}} : I_K \rightarrow R^+$$

I_K = relevantes Intervall der Kredite

$$I_K = [0, K^0)$$

[76] Krümmel, H.-J.: Bankzinsen, a.a.O., S. 123 f.

I_K besitzt eine endliche Zerlegung

$$I_K = [K_1, K_2) \cup [K_2, K_3) \ldots \cup [K_{n-1}, K_n)$$

$$K_1 = 0 \wedge K_n = K^0$$

$$K_i < K_{i+1} \quad \text{für} \quad i \in \{1, 2, 3, \ldots, n-1\}$$

$$z^{\bar{p}}(K) = z_i = \text{const} \quad \text{für} \quad K \in [K_i, K_{i+1})$$

mit $z_i > z_{i+1}$ für $i \in \{1, 2, 3, \ldots, n-1\}$

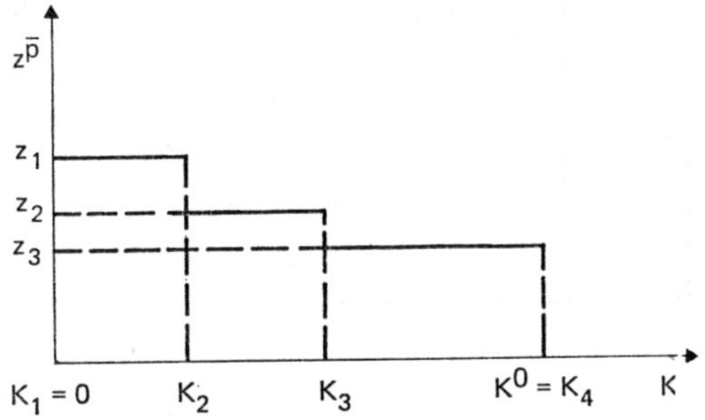

Bei Variation des Kreditbetrages *und* des Risikomaßes gelangt man zu folgender dreidimensionalen Darstellung:

$$z : I_K \times [0,1] \rightarrow \mathbf{R}^+ \cup \{\infty\}$$

$$z(K, p) = z_i \quad \text{für} \quad K \in [K_i, K_{i+1}) \quad \text{und} \quad p \leq \bar{p}$$

$$z(K, p) = \infty \quad \text{für} \quad K \in I_K \quad \text{und} \quad p > \bar{p}$$

Jedes Unternehmen weiß auf Grund bisheriger Verhandlungen mit seinen Financiers, zu welcher von beiden Gruppen es gezählt wird. Der Risikohorizont des Financiers ist für beide Nachfragergruppen gleich.

Man könnte gegen das hier vorgetragene Erklärungsmodell den Vorwurf erheben, das geschilderte Verhaltensmuster der beteiligten Wirtschaftssubjekte (der Financiers) sei keine rationale Verhaltensweise. Dieser Einwand kann offenbar nicht gelten: Schneeweiss hat nachgewiesen, daß ganze Klassen von *Entscheidungsmodellen,* die in der Literatur vorgeschlagen werden, bestimmten Axiomensystemen des „strengen rationalen Verhaltens" nicht genügen[77]. Die Diskussion der

77 Schneeweiss, H.: Entscheidungskriterien bei Risiko, Berlin—Heidelberg—New York 1967.

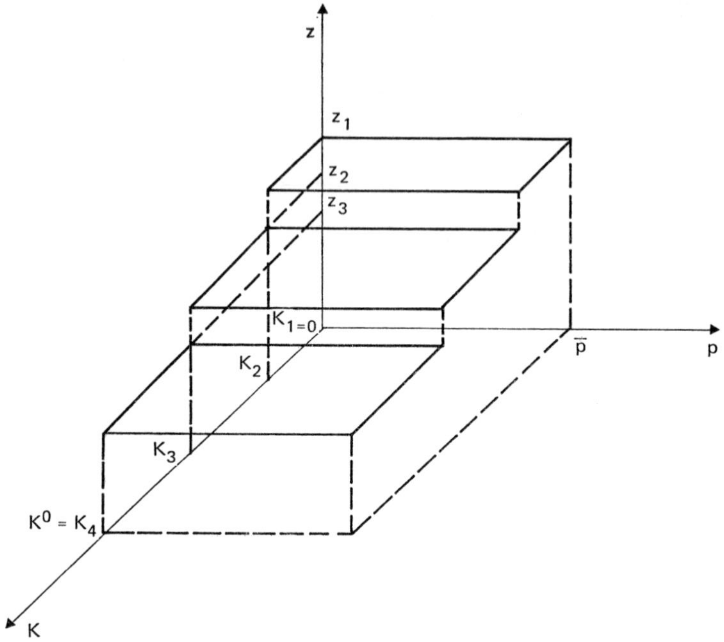

Plausibilität der einzelnen Axiome ist nicht abgeschlossen[78], so daß man nicht von *dem* rationalen Verhalten sprechen kann. Gegen ein *Erklärungsmodell* — wie das oben dargelegte — kann der Vorwurf fehlender Rationalität nicht vorgebracht werden, hier kann höchstens die Frage aufgeworfen werden, ob die Realität richtig beschrieben ist oder nicht.

c) *Prüfung der finanziellen Zulässigkeit von Teilstrategien*

α) Finanzielle Zulässigkeit

Es wird zunächst im Planungsprozeß ein Entscheidungsbaum konstruiert, der alle in Betracht kommenden Strategien bis zum Planungshorizont enthält, unter der Hypothese, die notwendigen Kredite seien erlangbar. Dann werden — bei der letzten Stufe von Entscheidungsknoten beginnend (anschließend: roll-back) — *alle* möglichen Teilstrategien jedes Entscheidungsknotens hypothetisch den Financiers vorgelegt. Jede Teilstrategie ist gekennzeichnet durch den erforderlichen Kreditbetrag und das Maß des Kreditrisikos. Beide Größen lassen sich im Entscheidungsbaum ermitteln.

---

78 Vgl. etwa Fishburn, P. C.: Utility Theory for Decision Making, New York—London—Sydney—Toronto 1970, S. 18 f.

Eine Teilstrategie (Strategie) wird als finanziell zulässig bezeichnet, wenn die Financiers (der Financier) das in Rede stehende Kreditengagement übernehmen (übernimmt). Ist dies nicht der Fall, ist die Teilstrategie nicht finanziell zulässig und aus dem Baum zu streichen. Bei der Streichung finanziell nicht zulässiger Teilstrategien im Entscheidungsbaum ist zu beachten, daß nur die Kantenzüge gestrichen werden, die nicht auch Teil einer anderen bereits geprüften oder noch zu prüfenden Teilstrategie sind.

Sind alle Teilstrategien eines Entscheidungsknotens finanziell nicht zulässig, handelt es sich um einen toten Knoten.

β) Zulässigkeitsprüfung bei durchschnittlichem Verhalten mehrerer Financiers

(1) Sortimensstrategie

Unter der Annahme, das Unternehmen sehe sich mehreren Financiers mit durchschnittlichem Verhalten gegenüber, wollen wir in einem ersten Schritt den Fall untersuchen, daß das Unternehmen zu der großen Gruppe der Unternehmen gehört, die von der Sortimentsstrategie betroffen sind.

In Abb. 9 kann direkt abgelesen werden, welche Teilstrategien finanziell zulässig sind und welche nicht:

— Strategien, deren zugehöriges Paar aus $I_K \times p$ in den schraffierten Bereich fallen, sind finanziell zulässig (z. B. x_1)

— Strategien, deren Kombination (K, p) unterhalb des schraffierten Bereichs liegt, sind finanziell nicht zulässig und im Entscheidungsbaum zu streichen (z. B. x_2)

Für alle Strategien gilt nach Voraussetzung der Marktpreis $z =$ const.

(2) Bündeltaktik

Wir wollen nun annehmen, das Unternehmen gehöre zu dem kleinen Kreis von Kreditnachfragern, dem es gelingt, für größere Kreditklassen niedrigere Zinsen durchzusetzen. Die Annahme, daß der Marktpreis bekannt ist, bedeutet in diesem speziellen Fall, daß der Kreditpreis für jede Kreditgrößenklasse bekannt ist[79]. Die finanzielle Zulässigkeit von Teilstrategien kann dann in Abb. 10 abgelesen werden:

(a) Teilstrategien, die den Zinssatz z_1 verwenden, sind

— zulässig, wenn die Kombination (K, p) in den schraffierten Bereich A fällt

— nicht zulässig: sonst

[79] Vgl. die Funktion S. 87.

Abbildung 9: Durchschnittliches Gläubigerverhalten: Sortimentsstrategie

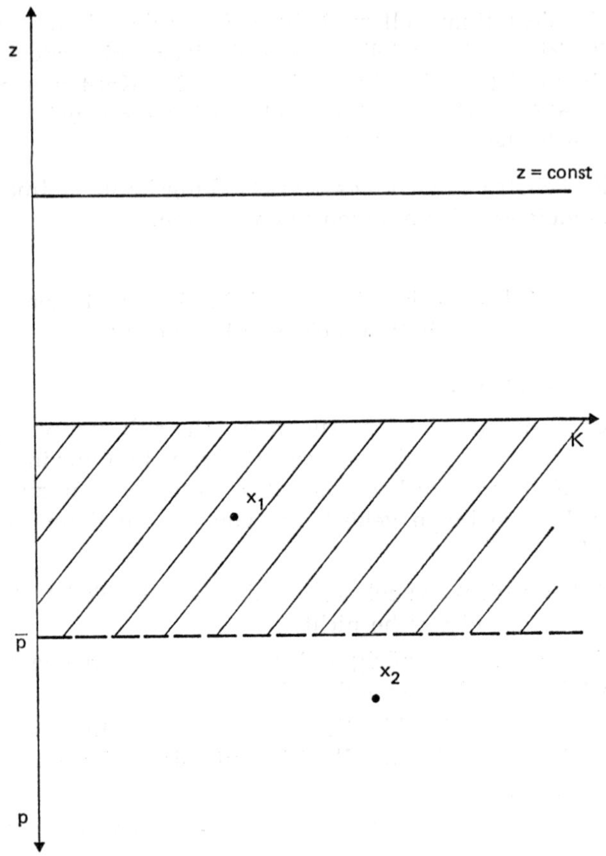

(b) Teilstrategien, die den Zinssatz z_2 verwenden, sind
- — zulässig, wenn die Kombination (K, p) in den Bereich B fällt
- — nicht zulässig: sonst

(c) Teilstrategien, die den Zinssatz z_3 verwenden, sind
- — zulässig, wenn die Kombination (K, p) in den Bereich C fällt
- — nicht zulässig: sonst

γ) Zulässigkeitsprüfung bei einem Financier (Hausbank)

Es soll nun die finanzielle Zulässigkeit von Teilstrategien geprüft werden unter der Annahme, nur ein Financier (die Hausbank) komme

Abbildung 10: Durchschnittliches Gläubigerverhalten: Bündeltaktik

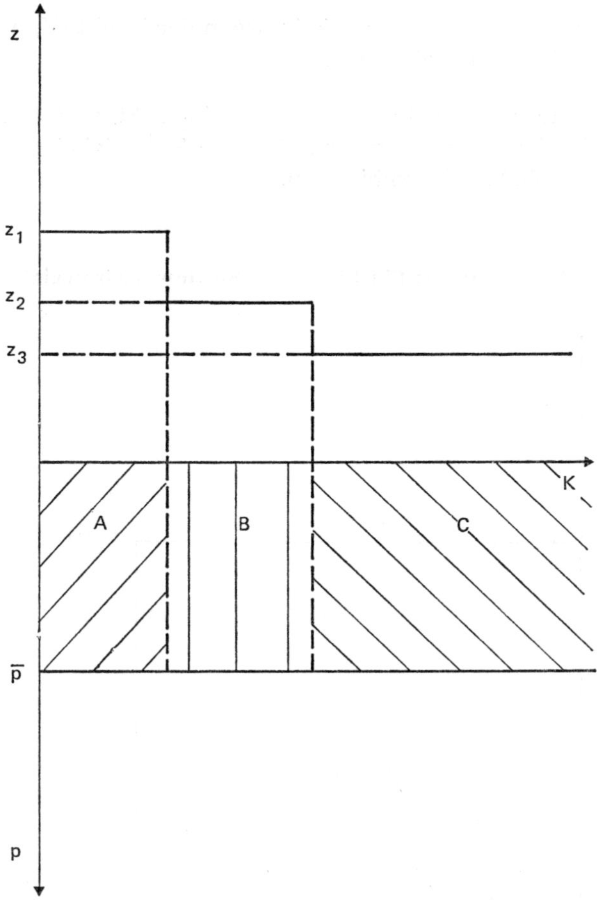

z_l = Zins, den der Financier im Rahmen seines sortimentsstrategischen Verhaltens fordert

in Frage und dem Unternehmen gegenüber werde die Sortimentsstrategie angewandt. Der Financier sieht sich nicht in der Lage, einen größeren Kreditbetrag als K_{max} einem einzelnen Nachfrager zu überlassen[80].

In Abb. 11 ist die Zulässigkeit graphisch zu bestimmen:

— Eine Teilstrategie ist finanziell zulässig, wenn ihr entsprechendes Paar (K, p) in den schraffierten Bereich fällt. Die Punkte müssen

---

80 Vgl. S. 83.

— oberhalb des Risikohorizonts $\bar{p}$ und
— links vom maximalen Kreditbetrag K_{max} liegen.

— Eine Teilstrategie ist nicht zulässig, wenn der Punkt (K, p) außerhalb des schraffierten Bereichs liegt.

Ist das Unternehmen in der Lage, seinen Financier zu bündeltaktischem Verhalten zu bewegen, sind die Zulässigkeitskriterien von Abb. 10 und Abb. 11 zu kombinieren.

Abbildung 11: Ein Financier: Sortimentsstrategie

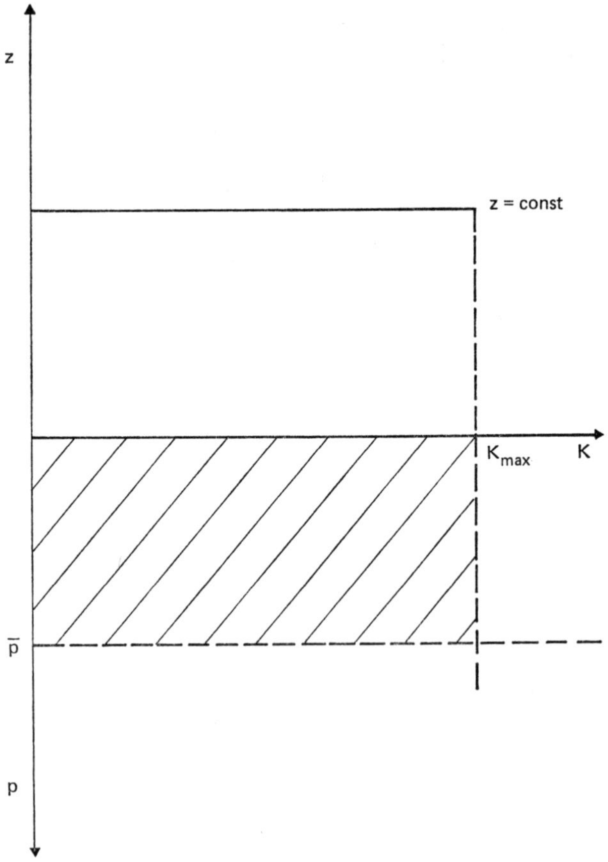

K_{max} = maximaler Kreditbetrag, den der Financier einem einzelnen Nachfrager überläßt

δ) Zulässigkeitsprüfung bei unterschiedlichen Risikohorizonten

Bisher wurde unterstellt, für das Kreditangebot sei *ein* Risikohorizont maßgebend (d. h. ein Gläubiger oder mehrere Gläubiger mit einem durchschnittlichen Risikoverhalten). In der Regel wird diese Annahme die Wirklichkeit für die Zwecke der Umrißplanung hinreichend genau beschreiben. Es macht jedoch keine prinzipiellen Schwierigkeiten, unterschiedliche Risikohorizonte im Entscheidungsbaum zu berücksichtigen.

Wir wollen zwei hypothetische Fälle unterscheiden:

— Mehrere Gruppen von Financiers stellen das Kreditangebot, für jede Gruppe ist ein Risikohorizont maßgebend. Die Kredithöhe stellt bei keiner Gruppe eine Restriktion in der Kreditvergabe dar.

— Die gleichen Prämissen wie im ersten Fall, aber es gibt bei jeder Gruppe eine maximal erlangbare Kredithöhe.

Der Marktpreis des Kredits sei in beiden Fällen bekannt.

Im ersten Fall liegt die Situation klar: es ist die finanzielle Zulässigkeit nach dem Schema in Abb. 9 zu prüfen, der zulässige Bereich ist nach unten durch den höchsten Risikohorizont begrenzt. Sind $\{\bar{p}_1, \bar{p}_2, \ldots, \bar{p}_n\}$ die Risikohorizonte, dann ist die Grenze des zulässigen Bereichs bei dem maximalen Element aus $\{\bar{p}_1, \bar{p}_2, \ldots, \bar{p}_n\}$ zu ziehen.

Liegt der zweite Fall vor, dann gibt es eine Menge von Paaren

$$B = \left(\bar{p}_1, K_1^{\max}\right), \left(\bar{p}_2, K_2^{\max}\right), \ldots, \left(\bar{p}_n, K_n^{\max}\right)$$

$\left(\bar{p}_i, K_i^{\max}\right)$ = Risikohorizont und maximaler Kreditbetrag bei Gläubigergruppe i;
mit $i \in \{1, 2, \ldots, n\}$

Das Tableau für den Test der finanziellen Zulässigkeit ist dann wie folgt zu konstruieren (vgl. Abb. 12):

Die Begrenzung des zulässigen Bereichs ist gegeben durch

$$C = \left\{ (\bar{p}, K) \mid \bar{p} = \max \left\{ p \mid \bigvee_{K_0 \geqq K} (p, K_0) \in B \right\} \right\}$$

Teilstrategien (Strategien) y mit der Charakteristik (p_y, K_y) sind finanziell zulässig, wenn sie in der Menge Z liegen.

$$Z = \left\{ (p_y, K_y) \mid \bigvee_{c \in C} (p_y, K_y) \leq c \right\}$$

Abbildung 12: Unterschiedliche Risikohorizonte

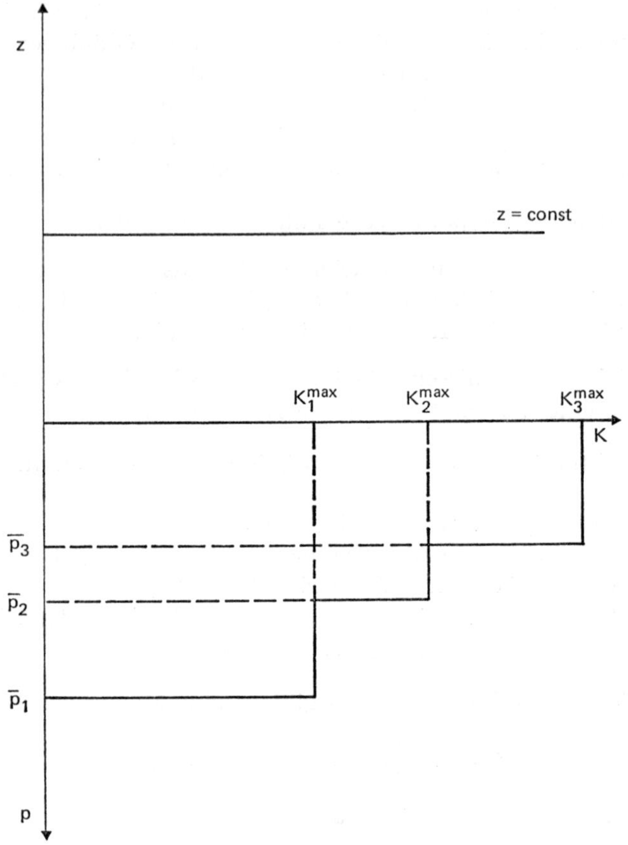

Beispiel für die Konstruktion eines Testtableaus bei drei Gläubigergruppen

d) *Finanzielle Zulässigkeit bei konditionierten Krediten*

Wir wollen unsere Annahmen nun in eine andere Richtung erweitern. Die enge Prämisse einer determinierten Kreditart und eines bekannten Marktpreises für die Kreditüberlassung wird fallengelassen. Wir wollen annehmen, daß mehrere Kreditarten angeboten werden, die alle oder teilweise zum Typ der konditionierten Kredite gehören[81]. Der Planungsstab der Unternehmung sei in der Lage, die jeweilige Zahlungscharakteristik zu ermitteln. Man kann nach der Art der

---

[81] Zum Begriff des konditionierten Kredits vgl. S. 20 ff.

Zahlungscharakteristik drei Klassen von konditionierten Krediten unterscheiden:

(1) Die Zahlungscharakteristik hängt von Entscheidungen der Unternehmung ab,

(2) sie hängt von Umweltereignissen ab,

(3) sie hängt von Entscheidungen der Unternehmung und Umweltereignissen ab.

Beispiele für (1) sind Kredite, bei denen ein Kündigungsrecht des Schuldners besteht, Lieferantenkredite (Wahl des Zahlungszeitpunkts) und Kredite, die dem Schuldner ein Recht auf vorzeitige Tilgung einräumen. Zur Klasse (2) gehören zum Beispiel Kredite mit Zinsgleitklauseln oder mit einem Kündigungsrecht des Gläubigers. In einer beispielhaften graphischen Darstellung wird die Zahlungscharakteristik eines konditionierten Kredits in Abb. 13 aufgezeigt.

Wir wollen davon ausgehen, daß mehrere Financiers mit bekanntem durchschnittlichen Verhalten das Kreditangebot repräsentieren, d. h. das Verhalten der Financiers wird durch einen Risikohorizont charakterisiert. Wie oben dargelegt wurde, stellt die Höhe des Kredits in diesem Fall keine Restriktion bei der Untersuchung der finanziellen Zulässigkeit von Teilstrategien dar. Dem Unternehmen gegenüber werde die Sortimentsstrategie angewandt.

Zur Prüfung der finanziellen Zulässigkeit wird in einer Planungsvorstufe ein vorläufiger Entscheidungsbaum bis zum Planungshorizont entwickelt unter der Hypothese, die zur Finanzierung der realen Projekte notwendigen Kredite seien erlangbar. An jedem Entscheidungsknoten, der einen Kreditbedarf aufweist, wird *für jede Kreditart* eine Teilstrategie entwickelt. Unter den oben gemachten Annahmen können wir die finanzielle Zulässigkeit der Teilstrategien entsprechend dem in Abb. 9 entworfenen Schema testen[82]. Bei jeder Teilstrategie, die Kreditaufnahme erfordert, ist zu untersuchen, ob das Kreditrisiko den Risikohorizont überschreitet. Ist dies der Fall, wird die Teilstrategie im Entscheidungsbaum gestrichen. Im anderen Fall ist die Teilstrategie *für diese Kreditart* finanziell zulässig. Wir sehen, daß jetzt an einem Entscheidungsknoten mehrere Teilstrategien zulässig sein können, die jeweils eine andere Kreditart enthalten.

Bei der Ermittlung der optimalen Strategie im finanziell zulässigen Entscheidungsbaum wird für jeden Entscheidungsknoten die *optimale* Kreditart mitbestimmt.

---

[82] Vgl. hierzu S. 90.

Abbildung 13: Beispiel für die Zahlungscharakteristik eines Kredits, die von Entscheidungen abhängt

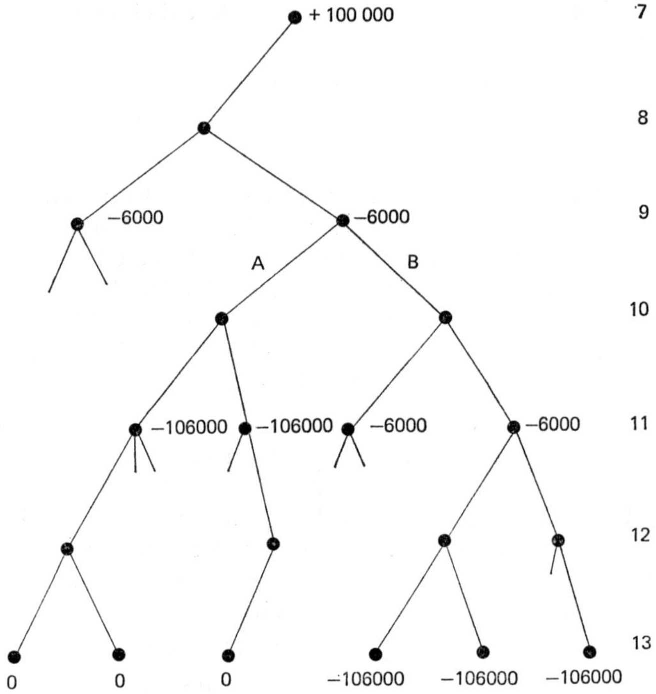

Kreditbetrag : 100 000 DM
Kreditpreis : 6 000 DM/Periode
Kreditdauer : 3 Entscheidungsperioden

Es besteht ein Kündigungsrecht des Schuldners zum Termin der 11. Spielstufe

A — Unternehmung kündigt

B — Unternehmung kündigt nicht

E. Ablauf des Planungsprozesses im flexiblen Modell

Wir wollen abschließend den Ablauf des Planungsprozesses bei Anwendung unseres Modells zusammenfassend darstellen. Dabei erscheint es nützlich, die im Verlauf unserer Überlegungen eingeführten Prämissen noch einmal in geschlossener Übersicht ins Gedächtnis zurückzurufen.

(1) Der Planungshorizont wird außerhalb des Modells festgelegt.

(2) Am Planungshorizont wird das Unternehmen hypothetisch liquidiert.

(3) Das Eigenkapital der Unternehmung zu Beginn der Planungsperiode ist gegeben; es wird nicht durch Zustrom von außen vergrößert.

(4) Es werden endlich viele Strategien auf Grund des vorhandenen Informationsniveaus in Betracht gezogen.

(5) Eine endliche Anzahl von möglichen Umweltereignissen kennzeichnet die Entscheidungssituation.

(6) Es liegen subjektive Wahrscheinlichkeiten für den Eintritt der Umweltreaktionen vor.

(7) Die Zahlungscharakteristiken der möglichen Aktionen können ermittelt werden.

(8) Die Unternehmung kennt das Verhaltensmuster der Financiers.

(9) Die Unternehmensführung wählt eine Zielfunktion, die der Entscheidungssituation bei langfristiger Planung unter Unsicherheit angepaßt ist: d. h. die Zielfunktion muß dem stochastischen, dynamischen und flexiblen Charakter des Modells entsprechen.

Ausgangspunkt der Umrißplanung ist das aktuelle Informationsniveau der Unternehmung.

Wir schlagen folgenden Planungsablauf vor:

(1) Konstruktion eines Entscheidungsbaumes bis zum Planungshorizont; an den Endknoten ($e \in M_n$) wird das Vermögen der Unternehmung hypothetisch liquidiert,

(2) Prüfung der Teilstrategien (Strategien) auf finanzielle Zulässigkeit,

(3) Prüfung der finanziell zulässigen Strategien auf sicherheitspolitische Zulässigkeit,

(4) Auswahl der optimalen Strategie.

An Hand eines Venn-Diagramms wollen wir diesen Ablauf verdeutlichen.

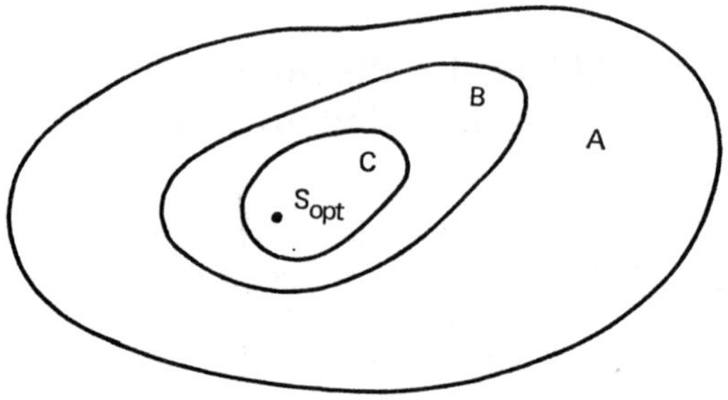

A = Menge der in Betracht gezogenen Strategien ohne Rücksicht auf die Sicherheitspolitik der Unternehmung und unter der vorläufigen Hypothese notwendige Kredite seien erlangbar

B = Menge der finanziell zulässigen Strategien

C = Menge der finanziell und sicherheitspolitisch zulässigen Strategien

S_{opt} = optimale Unternehmensstrategie

In Stufe (1) kann auf den Abschnitt „Definition eines Entscheidungsbaumes"[1] verwiesen werden. Dort wird die allgemeine Konzeption eines Entscheidungsbaumes dargestellt. Der Entscheidungsbaum enthält Strategien, die sich später als nicht finanzierbar oder als sicherheitspolitisch nicht tragbar erweisen können.

Auf der Stufe (2) wird die finanzielle Zulässigkeitsprüfung für jede Teilstrategie beginnend auf Stufe $n - 2$ (dann roll-back) durchgeführt. Der Zulässigkeitstest ist je nach Konstellation des Kreditangebots vorzunehmen[2]. Finanziell unzulässige Teilstrategien (Strategien) werden gestrichen (Vorsicht: nicht zu viel streichen!). Kantenzüge, die nach dem finanziellen Zulässigkeitstest in einem toten Knoten enden, werden über leere Knoten bis zur Stufe n verlängert[3].

Die Stufe (3) entfällt, wenn im Entscheidungsbaum keine toten Knoten auftreten. Falls tote Knoten (Zahlungsdefizite) auftreten, wird der finanziell zulässige Entscheidungsbaum auf die Übereinstimmung mit dem Standard der Existenzsicherung der Unternehmung hin getestet[4]. Für jede Strategie ist zu prüfen, ob die vorgegebene Maximal-

---

[1] Vgl. S. 38 ff.
[2] Vgl. S. 74 ff.
[3] Vgl. S. 72 ff.
[4] Vgl. S. 73 ff.

wahrscheinlichkeit $\hat{p}$ überschritten wird oder nicht. Strategien, die sicherheitspolitisch nicht zulässig sind, werden gestrichen.

Auf der Stufe (4) wird die optimale Strategie aus den finanziell und sicherheitspolitisch zulässigen Strategien nach dem roll-back-Verfahren ausgewählt. Beginnend bei Entscheidungsstufe $n - 2$ wird der Erwartungsnutzen des (liquiden) Endvermögens für jede Teilstrategie jedes Entscheidungsknotens ermittelt. Die Teilstrategie mit dem höchsten Erwartungsnutzen ist das optimale Aktionsbündel für diesen Entscheidungsknoten.

Bei leeren und toten Knoten entfällt der Suchprozeß. (Es gibt keine Entscheidungsalternative.) Tote Knoten werden mit dem Erwartungsnutzen des ausgewiesenen Defizits ausgezeichnet. Die optimale Strategie S_{opt} liegt vor, wenn im rückwärtsschreitenden Suchprozeß für den Ausgangsknoten die Strategie mit dem höchsten Erwartungsnutzen gefunden wurde.

Summary

This treatise has the intention to develop, under realistic assumptions on the situation on financial markets, a part of management planning, that has been disregarded up to now: financing by credit. Previous models, trying to integrate financing by credit into a system of optimal management planning, are not able to reproduce the complicated decisive problems of credit financing in an adequate manner. The reason is in the deterministic or inflexible character of these models. For the overwhelming majority of credit contracts observable in practice are of the "conditioned" type — that are credits, whose characteristics of payments depend on future events or on future decisions of lenders or borrower — it was necessary to construct a flexible planning model to be able to solve the resulting complex decisive problems. The problem of guaranteeing the existence of the firm during the planning period is solved in our model with regard to adjusting activities bridging short term paying gaps. The determination of the credit potentials — in previous models eliminated by rigorous assumptions — is taken in hand under realistic premises on lenders behaviour. An iterative planning process is proposed, which tests all strategies, taken into account by the firm, for their financial feasibility.

Résumé

La recherche poursuit l'intention de développer un domaine de planning jusqu' à présent négligé, c'est à dire le financement par emprunt grâce à d'hypothèses réalistes sur la situation sur les marchés de financement. Les points de départ jusqu'ici proposés, essayant d'insérer le financement par emprunt dans un système optimal de planning d'entreprises, ne sont pas en état de réproduire correspondant au problème la situation compliquée de la prise d'une décision en ce qui concerne le financement par emprunt d'une manière juste. La raison en est le caractère déterministe ou rigide de ces modèles. Parce que la partie préponderante des contracts de crédit à observer dans la pratique, sont du type de crédits „conditionnées“, c'est à dire, qu'il s'agit de crédits dont le critère de payement dépend d'évènements futurs ou de décisions futures des financiers ou du bénéficiaire d'un crédit, il fut nécessaire de concevoir un modèle de planning flexible, afin d'être à même de solutionner le problème complexe de la décision en résultant. Le problème de la garantie de l'existence de l'enteprise au cours de la période du planning, en prenant en considération les activités de peréquation, afin de surmonter de goulets d'étranglement de payement à bref délai, est soluntionné grâce au modèle du planning soumis. La determination du potentiel de financement, éliminée par des exceptions rigoureuses dans les modèles jusqu'ici proposés, est abordée par de prémisses réalistes concernant le comportement des bailleurs de fonds. Une procédure itérative de planning est proposée, soumettant à de tests toutes les stratégies prises en considération par l'entreprise, afin d'évaluer leur admissibilité.

Resumen

El estudio tiene el objeto de desarrollar bajo suposiciones realistas, un asunto econòmico, un poco pospuesto, de la planificaciòn de empresas sobre la situaciòn en los mercados financieros: el financiamiento por toma a crèdito. Los comienzos propuestos hasta ahora, que tienen la intenciòn de incluir la financiaciòn de crèditos en un sistema de planificaciòn de empresa optimal, no estàn en las condiciones de presentar verdaderamente la complicada situaciòn de decidir la financiaciòn de crèditos. El motivo està en el caràcter determinìstico y fijo de estos modelos. Dado que la parte predominante de los contratos de crèdito observados en la pràctica, son del tipo „crèditos condicionados", èstos son crèditos cuya caracterìstica de pago depende de los futuros acontecimientos y de las futuras decisiones de los financieros o del acreedor, era imprescindible formar un modelo de planeamiento flexible para poder resolver el problema de decisiòn complejo resultante. El problema del aseguramiento de existencia de la empresa en el transcurso del perìodo de planeamiento, serà resuelto en el modelo de planeamiento presentado, bajo consideraciòn de actividades equilibradas para el vencimiento de dificultades de pago a corto plazo. La fijaciòn del potential de costeo, en modelos de planeamiento propuestos hasta ahora eliminados por suposiciones rigurosas, es efectuado bajo premisas casi realistas sobre el procedimiento del acreedor. Se propone un proceso de planeamiento iterativo que prueba todas las estrategias de empresa que entran en consideraciòn, sobre su admisibilidad financiera.

Literaturverzeichnis

Albach, H.: Wirtschaftlichkeitsrechnung bei unsicheren Erwartungen, Köln und Opladen 1959

— Investition und Liquidität, Wiesbaden 1962

— Die Prognose im Rahmen unternehmerischer Entscheidungen, in: Giersch, H. und Borchardt, K. (Hrsg.): Diagnose und Prognose als wirtschaftswissenschaftliche Methodenprobleme, Schriften des Vereins für Socialpolitik, NF Bd. 25, Berlin 1962, S. 201—214

— Finanzplanung im Unternehmen, in: MI, 1962, S. 67—77

— Das optimale Investitionsbudget bei Unsicherheit, in: ZfB, 37. Jg. (1967), S. 503—518

— Long Range Planning in Open-Pit Mining, in: MS, Bd. 13 (1967), S. B—549—568

— Informationswert, in: Grochla, E. (Hrsg.): Handwörterbuch der Organisation, Stuttgart 1969, Sp. 720—727

Altman, E. I.: The Prediction of Corporate Bankruptcy: A Discriminant Analysis, in: JoF, Vol. XXIII (1968), S. 193—194

— Financial Ratios, Discriminant Analysis and the Prediction of Corporate Bankruptcy, in: JoF, Vol. XXIII (1968), S. 589—609

Bauer, K.-P.: Zielfunktionen und finanzielle Nebenbedingungen in Investitionsmodellen bei Unsicherheit, Diss. Bonn 1969

Beckmann, M. J.: Dynamic Programming of Economic Decisions, Berlin—Heidelberg—New York 1968

Bellman, R.: Dynamische Programmierung und selbstanpassende Regelprozesse, München und Wien 1967

Bernhard, R. H.: Mathematical Programming Models for Capital Budgeting — A Survey, Generalization, and Critique, in: JoFQA, Juni 1969, S. 111—158

Blumentrath, U.: Investitions- und Finanzplanung mit dem Ziel der Endwertmaximierung, Wiesbaden 1969

Buhl, A.: Die Sicherung des finanziellen Gleichgewichts als Aufgabe der Investitionsplanung, Diss. Hamburg 1969

Charnes, A. und W. W. *Cooper:* Deterministic Equivalents for Optimizing and Satisficing under Chance Constraints, in: OR, Bd. 11 (1963), S. 18—39

Charnes, A., W. W. *Cooper* und M. H. *Miller:* Application of Linear Programming to Financial Budgeting and the Costing of Funds, in: Solomon, E. (Hrsg.): The Management of Corporate Capital, Chicago 1959, S. 229—255

Chase, S. B.: Credit Risk and Credit Rationing, Comment, in: QJE, 75. Jg. (1961), S. 319—327

Dean, J.: Capital Budgeting, New York 1951

Delorme, H.: Konsortial- und Emissionsgeschäft, Frankfurt/Main 1963

Dinkelbach, W.: Unternehmerische Entscheidungen bei mehrfacher Zielsetzung, in: ZfB, 32. Jg. (1962), S. 739 ff.

— Entscheidungen bei mehrfacher Zielsetzung und die Problematik der Zielgewichtung, in: Busse von Colbe, W. und Meyer-Dohm, P. (Hrsg.): Unternehmerische Planung und Entscheidung, Bielefeld 1969, S. 55—70

— Sensitivitätsanalysen und parametrische Programmierung, Berlin—Heidelberg—New York 1969

Engels, W.: Betriebswirtschaftliche Bewertungslehre im Lichte der Entscheidungstheorie, Köln und Opladen 1962

— Rentabilität, Risiko und Reichtum, Tübingen 1969

Faber, M. M.: Stochastisches Programmieren, Würzburg—Wien 1970

Fishburn, P. C.: Utility Theory for Decision Making, New York—London—Sydney—Toronto 1970

Freimer, M. und M. J. *Gordon:* Why Bankers Ration Credit, in: QJE, 79. Jg. (1965), S. 397—416

Ganske, H.: Investitionstheorie und ökonomische Realität, in: ZfB, 36. Jg. (1966), S. 381—402

Grochla, E.: Planung, betriebliche, in: HdSW, 8. Bd., Göttingen 1964, S. 314—325

Gutenberg, E.: Grundlagen der Betriebswirtschaftslehre, 1. Bd., Die Produktion, 14. Aufl., Berlin—Heidelberg—New York 1968

— Grundlagen der Betriebswirtschaftslehre, 2. Bd., Der Absatz, 8. Aufl., Berlin—Heidelberg—New York 1965

— Grundlagen der Betriebswirtschaftslehre, 3. Bd., Die Finanzen, 2. Aufl., Berlin—Heidelberg—New York 1969

Hart, A. G.: Anticipations, Uncertainty, and Planning, New York 1940, Neuauflage 1965

— Assets, Liquidity, and Investment, in: AER, Papers and Proceedings, Bd. 39 (1949), S. 171—181

— Risk, Uncertainty, and the Unprofitability of Compounding Probabilities, in: Fellner, W. und Haley, B. F. (Hrsg.): Readings in the Theory of Income Distribution, London 1950, S. 547—557

Hax, H.: Investitions- und Finanzplanung mit Hilfe der linearen Programmierung, in: ZfbF, 16. Jg. (1964), S. 430—446

— Investitionstheorie, Würzburg—Wien 1970

Heinen, E.: Das Zielsystem der Unternehmung, Wiesbaden 1966

Henn, R.: Graphen und Relationen, in: Henn, R. (Hrsg.): Operations Research Verfahren V, Meisenheim am Glan 1968

Hertz, D. B.: Risk Analysis in Capital Investment, in: HBR, 1964, Nr. 1, S. 95—106

Hespos, R. F. und P. A. *Strassman:* Stochastic Decision Trees for the Analysis of Investment Decisions, in: MS, Bd. 11 (1965), S. B—244—259

Hintner, O.: Kredit und Kreditformen, in: HdB, Bd. 2, 3. Aufl., Stuttgart 1958, Sp. 3508—3516

Hirshleifer, J.: On the Theory of Optimal Investment Decision, in: Solomon, E. (Hrsg.): The Management of Corporate Capital, Toronto 1964, S. 205—228

Hodgman, D. R.: Credit Risk and Credit Rationing, in: QJE, 74. Jg. (1960), S. 258—278

— Credit Risk and Credit Rationing, Reply, in: QJE, 75. Jg. (1961), S. 327—329

— Credit Risk and Credit Rationing, Reply, in: QJE, 76. Jg. (1962), S. 488—493

Hübner, O.: Die Banken, Leipzig 1854

Jacob, H.: Neuere Entwicklungen in der Investitionsrechnung, in: ZfB, 34. Jg. (1964), S. 487—507 und S. 551—594

— Flexibilitätsüberlegungen in der Investitionsrechnung, in: ZfB, 37. Jg. (1967), S. 1—34

— Zum Problem der Unsicherheit bei Investitionsentscheidungen, in: ZfB, 37. Jg. (1967), S. 153—187

Jaffee, D. M.: Credit Rationing and the Commercial Loan Market, New York 1971

Jevons, W. S.: Die Theorie der politischen Ökonomie, Jena 1924 (Übersetzung aus dem Englischen)

Jochum, H.: Flexible Planung als Grundlage unternehmerischer Investitionsentscheidungen, Diss. Saarbrücken 1969

Kall, P.: Qualitative Aussagen zu einigen Problemen der stochastischen Programmierung, in: Zeitschrift für Wahrscheinlichkeitstheorie und verwandte Gebiete, Bd. 6 (1966), S. 246—272

— Produktionsoptimierung mit Hilfe der stochastischen Programmierung, in: Ind. Org., 36. Jg. (1967), S. 427—432

— Der gegenwärtige Stand der stochastischen Programmierung, in: UfO, 1968, S. 81—95

Klein, B. und W. *Meckling:* Application of Operations Research to Development Decisions, in: OR, Bd. 6 (1958), S. 352—363

Klein, W.: Die Bedeutung der besonderen Finanzstruktur der Banken für das industrielle Kreditgeschäft, in: ZfbF, 17. Jg. (1965), S. 104—121

Knight, F. H.: Risk, Uncertainty, and Profit, Boston 1921

Koch, H.: Planung, in: HdB, Bd. 3, 3. Aufl., Stuttgart 1960, Sp. 4340—4352

Krelle, W.: Präferenz- und Entscheidungstheorie, Tübingen 1968

Krelle, W. und H. P. *Künzi:* Lineare Programmierung, Zürich 1958

Krümmel, H.-J.: Bankzinsen, Untersuchungen über die Preispolitik von Universalbanken, Köln—Berlin—Bonn—München 1964

— Finanzierungsrisiken und Kreditspielraum, in: ZfB, 36. Jg. (1966), 1. Ergänzungsheft, S. 134—157

— Liquiditätssicherung im Bankwesen, in: Kredit und Kapital, 1968, H. 3, S. 247—307 und 1969, H. 1, S. 60—110

— Der Zins in der modernen Wirtschaft, in: Der langfristige Kredit, 23. Jg. (1972), H. 1, S. 3—13

Laux, H.: Flexible Planung des Kapitalbudgets mit Hilfe der linearen Programmierung, in: ZfbF, 21. Jg. (1969), S. 728—742

— Flexible Investitionsplanung, Opladen 1971

— Auftragsselektion bei Unsicherheit, in: ZfbF, 23. Jg. (1971), S. 164—180

Lorie, J. H. und L. J. *Savage:* Three Problems in Rationing Capital, in: Solomon, E. (Hrsg.): The Management of Corporate Capital, Toronto 1964, S. 56—66

Lubasch, K.: Die volkswirtschaftlichen Wirkungen von Geldwertsicherungsklauseln, Berlin 1964

Magee, J. F.: Decision Trees for Decision Making, in: HBR, Bd. 42 (1964), No. 4, S. 126—138

— How to Use Decision Trees in Capital Investment, in: HBR, Bd. 42 (1964), No. 5, S. 79—96

Mandansky, A.: Methods of Solution of Linear Programs under Uncertainty, in: OR, Bd. 10 (1962), S. 463—471

— Linear Programming under Uncertainty, in: Graves, R. L. und Wolfe, P. (Hrsg.): Recent Advances in Mathematical Programming, New York 1963, S. 103—110

Marschak, J.: Role of Liquidity under Complete and Incomplete Information, in: AER, Bd. 39 (1949), Papers and Proceedings, S. 182—195

Marschak, T.: The Role of Project Histories in the Study of R & D, in: Marschak, T., Glennan, T. K. Jr. und Summers, R. (Hrsg.): Strategy for R & D, Berlin—Heidelberg— New York 1967, S. 49—139

Marschak, T. und R. *Nelson:* Flexibility, Uncertainty, and Economic Theory, in: Metroeconomica, 1962, S. 42—58

Meyhak, H.: Simultane Gesamtplanung im mehrstufigen Mehrproduktunternehmen, Wiesbaden 1970

Miller, M. H.: Credit Risk and Credit Rationing, Further Comment, in: QJE, 76. Jg. (1962), S. 480—488

Moxter, A.: Die Bestimmung des Kalkulationszinsfusses bei Investitionsentscheidungen, in: ZfhF, 13. Jg. (1961), S. 186—200

— Präferenzstruktur und Aktivitätsfunktion des Unternehmens, in: ZfbF, 16. Jg. (1964), S. 6—35

Näslund, B.: A Model of Capital Budgeting under Risk, in: JoB, Vol. XXXIX (1966), S. 257—271

Nelson, R.: Uncertainty, Prediction, and Competitive Equilibrium, in: QJE, 75. Jg. (1961), S. 41—62

Neubert, H.: Der „Totale Cash Flow“ entschleiert die Bilanzpolitik, in: MM, Nr. 2, Februar 1972, S. 70—73

Pfanzagl, J.: Theory of Measurement, Würzburg—Wien 1968

Richtlinien des Bundesministers für Wirtschaft für die Verwendung der Bundeshaushaltsmittel für das Regionale Förderungs-Programm der Bundesregierung, in: Bundesanzeiger Nr. 52 vom 15. 3. 1967

Richtlinien des Bundesschatzministers für die Gewährung von Krediten aus Mitteln des ERP-Sondervermögens zur Errichtung mittelständischer Betriebe in neuen Wohnsiedlungen, neugeordneten Stadtteilen und Gewerbegebieten vom 25. 11. 1964, in: Bundesanzeiger Nr. 236 vom 17. 12. 1964

Rittershausen, H.: Methoden der industriellen Fremdfinanzierung, in: Schmölders, G. und Rittershausen, H.: Moderne Industriefinanzierung, Essen 1959

Ryder, H. E.: Credit Risk and Credit Rationing, Comment, in: QJE, 76. Jg. (1962), S. 471—479

Schacht, K.: Die Bedeutung der Finanzierungsregeln für unternehmerische Entscheidungen, Wiesbaden 1971

Schmalenbach, E.: Kapital, Kredit und Zins in betriebswirtschaftlicher Beleuchtung, 4. Aufl., Köln und Opladen 1961

Schneeweiss, H.: Entscheidungskriterien bei Risiko, Berlin—Heidelberg—New York 1967

Schneider, D.: Investition und Finanzierung, Köln und Opladen 1970

Schneider, E.: Wirschaftlichkeitsrechnung, 6. Aufl., Tübingen—Zürich 1966

Schwarze, J.: Stochastische Ansätze in der Theorie der Unternehmung, Meisenheim am Glan 1967

Schweim, J.: Integrierte Unternehmensplanung, Bielefeld 1969

Stützel, W.: Liquidität, in: HdSW, Bd. 6, Tübingen 1959, S. 622—629

— Ist die „Goldene Bankregel" eine geeignete Richtschnur für die Geschäftspolitik der Kreditinstitute?, in: Vorträge für Sparkassenprüfer, Kiel 1959, S. 34—51

Sturm, S.: Mehrstufige Entscheidungen unter Ungewißheit, Zur Theorie adaptiver Prozesse, Meisenheim am Glan 1970

Thompson, G. L., W. W. *Cooper* und A. *Charnes:* Characterizations by Chance-Constrained Programming, in: Graves, R. L. und Wolfe, P. (Hrsg.): Recent Advances in Mathematical Programming, New York 1963, S. 113 bis 120

Timmermann, V.: Lieferantenkredit und Geldpolitik, Berlin—New York 1971

Vorträge und Diskussion der Arbeitstagung der Schmalenbach-Gesellschaft in Frankfurt/Main am 13. 11. 1964, in: ZfbF, 17. Jg. (1965), S. 57—142

Wagner, H.: Simultane Planung von Investition, Beschäftigung und Finanzierung, in: ZfB, 37. Jg. (1967), S. 709—728

Weingartner, H. M.: Mathematical Programming and the Analysis of Capital Budgeting Problems, Englewood Cliffs 1963

Wentzel, J. S.: Elemente der dynamischen Programmierung, München—Wien 1966

Wets, R.: Programming under Uncertainty: The Complete Problem, in: Zeitschrift für Wahrscheinlichkeitstheorie und verwandte Gebiete, Bd. 4 (1966), S. 316—339

Wildhagen, J.: Zinserwartungen und Anleihekonditionen, Diss. Saarbrücken 1967

Witte, E.: Die Liquiditätspolitik der Unternehmung, Tübingen 1963

Wittmann, W.: Unternehmung und unvollkommene Information, Köln und Opladen 1959

Personenverzeichnis

Sachwortverzeichnis

Untersuchungen über das Spar-, Giro- und Kreditwesen

Herausgegeben von Professor Dr. Dr. Dr. h. c. Fritz Voigt

1. **Beiträge zur Theorie des Sparens und der wirtschaftlichen Entwicklung.** 227 S. 1958. 2. unveränd. Aufl. in Vorbereitung.

2. **Die Liquiditätsverhältnisse der deutschen Sparkassen.** Von Dr. L. Sperk und Dipl.-Vw. Dr. M. Wilsdorf. 184 S. 1956. DM 18,60.

3. **Das Liquiditätsproblem bei den Girozentralen.** Von Dr. D. Golz. 193 S. 1956. DM 24,60.

4. **Auswirkungen der Mindestreservepflicht unter besonderer Berücksichtigung der Sparkassen.** Von Dipl.-Vw. Dr. E. Floss. 70 S. 1956. DM 7,80.

5. **Die Wertpapieranlage der Kreditinstitute.** Von Dr. R. Stützer. 157 S. 1957. DM 18,60.

6. **Einkommensverhältnisse und private Geldkapitalbildung in Westdeutschland 1925 bis 1953.** Von Dr. H. Osthues. 204 S. 1957. DM 27,60.

7. **Der Betriebsvergleich bei Sparkassen.** Von Dipl.-Kfm. H.-G. Bindewalt und Dr. H. Kolbeck. 244 S. 1959. DM 29,—.

8. **Die Verflechtung zwischen Sparkassen und Girozentralen.** Von Dr. A. Dick. 119 S. 1959. DM 15,80.

9. **Die Struktur des Bankwesens als Gegenstand wirtschaftsstatistischer Analyse.** Von Prof. Dr. I. Esenwein-Rothe. 329 S. 1959. DM 42,80.

10. **Die Anwendbarkeit der modernen Kreditschöpfungslehre auf die besondere Art des Sparkassengeschäfts.** Von Dr. H. Feifel. 249 S. 1959. DM 33,—.

11. **Die unterschiedlichen Auffassungen von der Wirkung des Sparens und die moderne Wachstumstheorie.** Von Dr. H. Peters. 120 S. 1960. DM 14,80.

12. **Die niedersächsischen Sparkassen.** Von Dr. W. Weidner. 212 S. 1960. DM 32,60.

13. **Bestimmungsgründe und volkswirtschaftliche Auswirkungen des Verhaltens der Sparkassen im langfristigen Wohnungsbaukreditgeschäft.** Von Dr. M. Wilsdorf. 194 S. 1960. DM 22,60.

14. **Die Mitwirkung der Hausbanken bei der Vergebung und Verwaltung öffentlicher Kredite.** Von Dr. H. Menzel. 212 S. 1960. DM 24,80.

15. **Die Zinsempfindlichkeit der deutschen Sparer.** Von Dr. B. Wissmann. 152 S. 1960. DM 22,80.

16. **Verbrauchen und Sparen.** Von Dr. A. Ghanie Ghaussy. 236 S. 1964. DM 39,60.

17. **Bestimmungsgründe des persönlichen Sparens.** Von Dr. W. Paschke. 223 S. 1961. DM 32,60.

18. **Beiträge zur Geldtheorie und Geldpolitik.** Von Prof. Dr. H.-G. Johnson. Aus dem Amerikanischen übertragen von H. Rudloff. 342 S. 1969. DM 44,60.

19. **Die Staatsaufsicht über die kommunalen Sparkassen.** Von Dr. H. Frick. 250 S. 1962. DM 38,60.

20. **Die Vereinbarungen und Zusammenschlüsse im Kreditwesen.** Von Dr. G. Buschmann. 174 S. 1963. DM 24,80.

21. **Die Rechtsgrundlagen des Reisescheckverkehrs.** Von Dr. O.-R. Heinichen. 157 S. 1964. DM 24,60.

22. **Monetäre Probleme der Konjunkturpolitik in der EWG.** Von Prof. Dr. O. Issing. 163 S. 1964. DM 24,80.

23. **Strukturwandlungen in der Anlagepolitik der Kreditbanken.** Von Dr. H.-H. Stein. 191 S. 1964. DM 28,60.

24. **Die Beziehungen zwischen moderner Wettbewerbstheorie und ökonomischer Realität im Realkreditsektor.** Von Dr. W. Dobrinski. 243 S. 1964. DM 39,60.

25. **Der Einfluß der Gemeinde auf die kommunale Sparkasse.** Von Dr. H. Clausen. 160 S. 1964. DM 24,80.

26. **Die Beziehungen zwischen der Notenbank und den Trägern der Girosysteme.** Von Dr. H. J. Rieken. 170 S. 1964. DM 24,80.

27. **Die internationale Liquidität.** Von Prof. Dr. D. J. Delivanis. 94 S. 1965. DM 14,60.

28. **Leitwährung und internationale Währungsordnung.** Von Prof. Dr. O. Issing. 374 S. 1965. DM 54,60.

29. **Analytischer Vergleich zwischen Verrechnungsscheck und Überweisung vom Standpunkt der Kreditinstitute.** Von Dr. U. Trurnit. 257 S. 1966. DM 49,60.

30. **Marktforschung der Kreditinstitute.** Von Dr. U. Weiss. 307 S. 1966. DM 53,80.

31. **Die Entwicklung der sozialen und ökonomischen Struktur der Ersparnisbildung in der Bundesrepublik Deutschland.** Von Dr. R. Exo. 410 S. 1967. DM 68,60.

32. **Die Beziehungen zwischen dem institutionellen Aufbau des Geld- und Kreditsystems und dem wirtschaftlichen Wachstum.** Von Dr. D. Spaetling. 251 S. 1966. DM 54,60.

33. **Geldversorgung, Preisniveau und reales Wirtschaftswachstum bei alternativen Grundprinzipien der geldwirtschaftlichen Ordnung.** Von Dr. H. Friedrich. 205 S. 1967. DM 38,60.

34. **Außenhandel, wirtschaftliche Expansion und Preisniveau.** Von Dr. M. Hieber. 150 S. 1967. DM 28,60.

35. **Die Bedeutung des staatlichen Sparens für die Kapitalbildung und das Wirtschaftswachstum.** Von Dr. D. Kath. 172 S. 1968. DM 28,60.

36. **Die Entwicklung des Kommunalkredits.** Von Dr. H. Gloth. 230 S. 1967. DM 43,80.

37. **Die Finanzpolitik des Deutschen Reiches im Ersten Weltkrieg.** Von Dr. K. Roesler. 237 S. 1967. DM 44,60.

38. **Die rechtliche Einordnung der Immobilienfondsgesellschaften und das Erfordernis einer gesetzlichen Sonderregelung.** Von Dr. N. Kruhme. 120 S. 1968. DM 19,60.

39. **Die Bedeutung der Finanzgebarung der öffentlichen Hand für den Geldwert in Frankreich nach 1945.** Von Dr. M.-L. Herschtel. 256 S. 1968. DM 49,60.

40. **Die Standortfrage bei Kreditinstituten.** Von Dr. J. D. Siepmann. 377 S. 1968. DM 78,—.

41. **Zahlungsverkehr und Mittelstandsidee.** Von Dr. J. Wysocki. 120 S. 1969. DM 28,60.

42. **Der Verwaltungsrat der Sparkasse.** Von Dr. H. aus der Fünten. 322 S. 1969. DM 56,60.

43. **Die Mechanismen der Zentralbankgeldschöpfung und ihre Kontrollierbarkeit durch die Zentralbank.** Von Dr. B. Gaude. 209 S. 1969. DM 39,60.

44. **Die Aufwertungsspekulation.** Von Dr. W. Steuer. 180 S. 1969. DM 33,60.